Michaela Muschitz

Klartext schreiben im Business

Michaela Muschitz

Klartext schreiben im Business

So formulieren Sie Ihre Texte schneller, verständlicher und wirksamer

Bibliografische Information der Deutschen Nationalbibliothek

Die Deutsche Nationalbibliothek verzeichnet diese Publikation
in der Deutschen Nationalbibliografie; detaillierte bibliografische
Daten sind im Internet unter http://dnb.d-nb.de abrufbar.

ISBN 978-3-86936-066-9

Umschlaggestaltung: Martin Zech, Bremen | www.martinzech.de
Umschlagfoto: pressmaster/fotolia.com
Satz und Layout: Lohse Design, Büttelborn | www.lohse-design.de
Druck und Bindung: Salzland Druck, Staßfurt

www.gabal-verlag.de
Abonnieren Sie den GABAL-Newsletter unter:
newsletter@gabal-verlag.de

Inhalt

Vorwort

Ich widme dieses Buch all jenen, die beruflich viel schreiben müssen und daran manchmal verzweifeln. Ich will ihnen wieder Lust aufs Schreiben machen und sie vom Schreiben so begeistern, wie es mich begeistert.

Im Sinne der geschlechtsneutralen Formulierung bin ich in diesem Buch einen anderen Weg als sonst üblich gegangen. Ich schreibe von der „Leserin" und meine damit natürlich auch männliche Leser. Und ich schreibe vom „Kunden" und meine damit natürlich auch Kundinnen. Ich wollte Ihnen damit die manchmal sperrig zu lesende männliche und weibliche Form der Schreibweise ersparen.

Das Buch ist bewusst einfach geschrieben und ich hoffe, es ist mir gelungen, es so flüssig zu formulieren, dass es für Sie leicht ist, meinen Gedanken und Anregungen zu folgen.

Ich möchte mich an dieser Stelle bei meinen Seminarteilnehmerinnen und Kunden bedanken. Sie haben mich nicht nur darin bestärkt, dieses Buch zu schreiben, sie haben mir auch jede Menge Beispiele geliefert, die ich einfließen lassen konnte. Es freut mich besonders, dass Ulrike Capelare, Ulli Pöhn, Sandra Ruppi und Michaela Vadasz mir Feedback zum Manuskript gegeben haben und mir damit geholfen haben, das Buch zu straffen: Ich danke Euch auch für die Bestätigung, dass das Buch Euch die Gelegenheit gegeben hat, die Inhalte aus dem Seminar aufzufrischen, und Euch auch neue Aspekte gezeigt hat. Bedanken möchte ich mich auch bei meiner langjährigsten Freundin Ines Krachler: Danke für Deine Ergänzungen zum Buch und Deine Bestärkungen während des Schreibens – ja, ich bin stolz darauf, es gewagt zu haben. Zu guter Letzt möchte ich meinen Eltern danken: dafür, dass Ihr mich meinen Weg habt gehen lassen, auch wenn er für Euch nicht immer nachvollziehbar war.

Ich wünsche Ihnen, liebe Leserin und lieber Leser, viel Spaß mit diesem Buch (ja – ein Sachbuch kann auch Spaß machen) und viel Erfolg beim Ausprobieren der hier vorgestellten Methoden und Ideen. Wenn Sie Fragen, Anregungen oder auch Beschwerden zum Inhalt des Buches haben, freue ich mich, von Ihnen zu lesen. Schreiben Sie mir einfach unter: schreiben@lighthouse-coaching.at

Herzlichst
Ihre Michaela Muschitz

1. Schreiben als Prozess

Talent zum Schreiben

Schreiben könnte so einfach sein. Man setzt sich hin und schreibt auf, was einem durch den Kopf geht oder was man eben sagen will. Doch leider ist es nicht ganz so leicht. Denn was man aufschreibt, soll Hand und Fuß haben, intelligent und geschliffen formuliert sein. Schließlich sind wir im deutschsprachigen Raum im Schatten der großen Dichter aufgewachsen. Unsere eigenen Texte sollen den großen Meisterwerken nicht nachstehen, und so gelten die Werke von Schiller und Goethe noch heute als Maßstab. Die großen Literaten umgibt die Aura des Genies und mit dem Gedanken an verkrachte Schriftstellerkarrieren hat sich die Ansicht gefestigt: Zum Schreiben muss man entweder geboren sein oder eine große Portion Talent besitzen.

Schule hat Vorstellungen geprägt

Vereinsamte Schreiberlinge, die die Suche nach der perfekten Formulierung in den Wahnsinn treibt, oder Autoren, denen richtiges Schreiben nur unter Alkoholeinfluss möglich ist, haben die Vorstellung geprägt, dass Schreiben schwer ist. Unser Schulsystem trägt sein Übriges dazu bei. Da müssen Klassenarbeiten geschrieben werden, die nicht nur grammatikalisch richtig, sondern darüber hinaus auch noch originell und stilistisch ausgefeilt sind.

Doch auch die, die es geschafft haben, trotzdem zu schreiben – Autoren, Journalisten, Schriftsteller –, geben in Gesprächen oft zu: Schreiben ist ein tägliches Ringen mit Wörtern.

Der Kampf des Schreibens

Das stundenlange Sitzen vor dem weißen Blatt, ohne dass ein Wort darauffließt, kennen viele und die Angst vor der totalen Schreibblockade sitzt nicht nur Schriftstellern im Nacken. Eine junge PR-Beraterin kam zu mir ins Coaching, weil die ständigen Korrekturen ihrer Texte durch ihre Chefin sie so gehemmt hatten, dass sie keinen Satz mehr zu Papier bringen konnte.

Geschichten von genialen Schriftstellern

Um das Schreiben ranken sich viele Geschichten – vom begnadeten Schriftsteller, den die Muse geküsst hat, bis zum gestressten Journalisten, der sich unter Zeitdruck ein paar Zeilen abringt. Doch im Informationszeitalter gibt es kaum jemanden, der nicht schreiben muss – und es werden noch mehr werden. Dieser Druck ist es, der es uns so schwer macht zu schreiben. Dazu kommt negatives Feedback, das wir für Texte bekommen haben; dann wird es noch schwerer, die richtigen Formulierungen zu finden. Das Schreiben von Berichten oder Angeboten wird dann immer wieder verschoben, bis der Abgabetermin unausweichlich vor der Tür steht. Der Druck, sofort die perfekte Formulierung zu finden, die genau das aussagt, was wir schreiben wollen, hängt wie ein Damoklesschwert über uns.

Doch alle Geschichten von genialen Schriftstellern und pointierten Journalisten bergen ein großes Geheimnis:

Niemand schreibt druckreif!

Glauben Sie wirklich, dass das, was Sie in Büchern, Zeitungen oder online lesen, auf Anhieb aus einer genialen Feder geflossen ist? Ich sage: Wer behauptet, dass seine Texte beim ersten Niederschreiben bereits perfekt und druckreif sind, lügt. Jeder Autor und Journalist überarbeitet seine Texte – oft sogar mehrfach, bis die Formulierungen passen und sich der Text so leicht und flüssig liest, wie er letztendlich veröffentlicht wurde.

Schreiben ist ein Prozess

Ich zeige Ihnen in diesem Buch, dass Schreiben ein Prozess ist. Indem Sie sich den Druck nehmen, sofort die perfekte Formulierung finden zu müssen, können neue Texte entstehen. Ich zeige Ihnen Methoden, mit denen Sie rasch und einfach Texte verfassen können, ohne dafür Stunden oder gar Tage zu brauchen. Denn in unserem immer hektischer werdenden Berufsleben haben Sie nicht die Zeit, stundenlang über ein paar Zeilen zu brüten. Trotzdem soll für den Empfänger klar sein, was Sie meinen. Verabschieden Sie sich von der Annahme, alles, was Sie in gedruckter Form zu lesen bekommen, sei einem genialen Geist entsprungen. Natürlich gibt es auch Talent zum Schreiben. Aber Schreiben hat auch viel mit Handwerkszeug zu tun, und dieses bringe ich Ihnen mit diesem Buch für den beruflichen Bereich näher. Denn mit guten Texten werden Sie leichter Karriere machen!

Rasch und einfach Texte verfassen

Raus aus der Schreibblockade

Kennen Sie das? Sie sollen ein kompliziertes Angebot schreiben oder einen Artikel und Sie schieben es vor sich her. In dem Augenblick, in dem wir keinen Standardtext verwenden können, drücken wir uns vor dem Schreiben. Oft, weil wir nicht wissen, wie wir anfangen sollen. Wir formulieren Dutzende Sätze im Kopf, schreiben aber keinen davon auf, weil er ja noch nicht perfekt ist. So sitzen wir stundenlang vor dem

Angst vor dem weißen Blatt

weißen Blatt oder dem Computermonitor, ohne dass ein Text entsteht. Bei manchen Menschen hat negatives Feedback oder die Erinnerung aus der Schulzeit dazu geführt, dass Schreiben als Qual empfunden wird. Wer kennt das nicht? Mir hat meine Deutschprofessorin einmal einen Aufsatz mit den Worten zurückgegeben: „Du hast das Buch nicht verstanden." Allein, dass ich mich bis heute daran erinnern kann, zeigt, wie sehr mich diese Kritik getroffen hat.

Interpretation des Geschriebenen

Fehlende Körpersprache
Schreiber haben eine dünne Haut. Mit einem Text exponiert man sich. Wenn man dafür angegriffen wird, weil der Text nicht verstanden wurde, tut das weh. Die Herausforderung beim Schreiben ist: Der Text muss für sich allein sprechen. Wenn Sie sich mit jemandem unterhalten, können Sie an der Körpersprache Ihres Gegenübers erkennen, ob er Sie verstanden hat oder nicht. Wenn Ihr Gegenüber die Stirn runzelt, haben Sie sofort die Rückmeldung, dass Ihre Aussage nicht klar war oder Ihr Gegenüber eine andere Meinung hat. Dann können Sie Ihre Aussage umformulieren oder nachfragen, was den anderen stört oder er nicht versteht. Diese Ebene fällt bei der schriftlichen Kommunikation weg. Die Körpersprache und Stimmlage, die uns hilft zu entziffern, wie das Gesagte gemeint ist, gibt es in der schriftlichen Kommunikation nicht. Die Aussage „So nicht!" wird mit einer wütenden Stimme und Körperhaltung anders verstanden als mit Ironie in der Stimme. Doch diese Zusatzinformationen fehlen im Geschriebenen und es bleibt der Interpretation der Leserin* überlassen, wie Sie es gemeint haben. In Chats und Blogs bedient man sich daher gerne der Emoticons, um die dazu gehörende Stimmung zu trans-

---

* Wie bereits im Vorwort erwähnt, ist mit der Leserin im Folgenden auch immer der Leser gemeint.

portieren. In der schriftlichen Kommunikation im beruflichen Bereich ist es wichtig, „Klartext" zu schreiben, damit wenig Interpretationsspielraum bleibt. Womit wir wieder beim Ausgangsproblem sind: Wie schreibe ich so, dass meine Leserin mich sicher versteht?

Bevor Sie schreiben

Ich empfehle Ihnen, vor dem Schreiben einen wichtigen Schritt einzufügen: das Denken. Bevor Sie den tatsächlichen Text schreiben, überlegen Sie sich, was Sie sagen wollen und welches Ziel der Text hat. Sammeln Sie Ihre Ideen zu Beginn – eine bewährte Methode dafür zeige ich Ihnen auf Seite 19.

Dazu ist aber eines notwendig: Verstehen Sie Schreiben als einen Prozess, den Sie in vier Schritte zerlegen. **Schreiben als Prozess**

Denken   Rohtext schreiben   Überarbeiten   Korrigieren

Ich werde Ihnen zu den ersten drei Schritten Methoden zeigen, die Ihnen helfen werden, den Schreibprozess schneller und effizienter zu gestalten. In meinen Seminaren sind die Teilnehmer anfangs immer skeptisch, wenn sie von diesem Prozess hören. Sie befürchten, dass Schreiben dann noch länger dauern wird. Nach den ersten Übungen und etwas Routine haben jedoch noch immer alle zugegeben: Mit diesem Prozess wird man schneller und schreibt bessere Texte.

Aber woran erkennt man gute Texte?

Was gute Texte ausmacht

Komplizierte Texte im Deutschen

Es gibt einen großen Unterschied bei Texten im deutschsprachigen und englischsprachigen Raum. Ausgehend vom Mythos, dass man zum Schreiben ein Genie sein muss, werden die Texte im deutschsprachigen Raum auch entsprechend geschrieben. Vor allem wissenschaftliche Texte, aber auch viele Sachbücher sind komplex und schwer verständlich geschrieben. Sie kennen das sicher: Sie lesen ein Sachbuch und müssen eine Seite mehrfach lesen, um zu verstehen, was gemeint ist. Ich habe Dutzende derartige Bücher in meinem Regal stehen, Bücher, die ich nach 20 Seiten weggelegt habe – mit dem Gedanken „Ich bin anscheinend zu dumm, das zu verstehen". Im deutschsprachigen Raum zeigen Autoren gerne, was sie alles wissen, und verpacken dieses Wissen in hochtrabende und damit unverständliche Texte. Nach dem Motto: „Ich zeige euch, wie gut ich bin und was ich alles weiß." Diese Autoren demonstrieren ihr Wissen in langen Sätzen, die vor Fremdwörtern und Fachbegriffen nur so strotzen. Für diese Fähigkeit, sich kompliziert und intellektuell auszudrücken, werden sie dann von Normalsterblichen bewundert.

Respekt vor der Leserin im Englischen

Im englischsprachigen, vor allem im US-amerikanischen Raum ist es jedoch genau umgekehrt. Dort gilt derjenige als guter Autor, der es schafft, sein Fachwissen so einfach darzustellen, dass es auch ein Laie versteht. Entsprechend einfach und leicht verständlich sind dort die guten Texte geschrieben – damit jeder sie verstehen kann. Dahinter verbirgt sich eine grundsätzlich andere Haltung als im deutschsprachigen Raum.

Wir wollen nicht dumm sein

Der Mensch gibt von Natur aus ungern zu, dass er etwas nicht versteht. Seien wir ehrlich – wer will sich schon gern dumm fühlen? Trotzdem gibt es immer wieder Texte, die anscheinend lediglich dazu dienen, die Intelligenz des Autors zu dokumentieren – ob die Leserin versteht, worüber da geschrieben wurde, ist zweitrangig. Und dadurch entsteht bei der Leserin das Gefühl, dumm zu sein. Doch für wen wurde der Text ursprünglich geschrieben? Für den Autor oder für die Leserin? Mein Rat lautet: Schreiben Sie einfach! Denn Lesen soll Spaß machen und informieren. Wenn man ein Lexikon braucht, um einen Text zu verstehen, ist er kein guter Text.

Lesen soll Spaß machen

Vielleicht haben Sie nun Bedenken im Sinne von: „Wenn ich einfach schreibe, glaubt meine Leserin vielleicht, ich halte sie für dumm oder ich kann mich nicht besser ausdrücken." Nein! Sie wollen, dass Ihr Text gelesen wird. Also machen Sie es Ihrer Leserin einfach, zu verstehen, was Sie zu sagen haben.

Das einfache Schreiben erleichtert das Verstehen

Ein weiterer wichtiger Aspekt, der dafür spricht, einfach zu schreiben, sind die Informationsüberflutung und der Zeitmangel, unter denen wir alle leiden. Je komplizierter ein Text geschrieben ist, desto länger brauchen wir, um ihn zu verstehen. Gerade unter Zeitdruck neigen wir dazu, Texte nur zu überfliegen. Wenn der Text einfach formuliert ist, werde ich ihn selbst dann verstehen, wenn ich ihn nicht mit voller Aufmerksamkeit lese. Wenn der Text jedoch viele Fremdwörter enthält, die vielleicht auch noch in langen Sätzen stecken, wird das Verstehen des Inhalts schwer.

Fremdwörter erschweren Verstehen

Hamburger Verständlichkeitsmodell

In den 1970er-Jahren wurde das Hamburger Verständlichkeitsmodell von Reinhard Tausch, Inghard Langer und Friedemann Schulz von Thun entwickelt. Darin wurde analysiert, was gute Texte ausmacht. Das Modell beschreibt die vier grundlegenden Aspekte, die Texte leicht verständlich machen:

- Einfachheit
- Gliederung
- Prägnanz
- Attraktivität

Einfachheit *„Ein einfach geschriebener Text ist ein Text, den die Mehrheit seiner Adressaten bei mäßiger Konzentration auf Anhieb verstehen kann – unabhängig vom Schwierigkeitsgrad des Inhaltes.“* So treffend definiert Doris Märtin Einfachheit in ihrem Buch „Erfolgreich Texten“. Hier geht es darum, die Dinge beim Namen zu nennen – mit verständlichen Wörtern. Sie können es selbst ausprobieren. Bei welchem Satz verstehen Sie schneller, was gemeint ist: „Zur Fristwahrung senden Sie bitte die Zweitschrift unterfertigt retour“ oder „Um die Frist zu wahren, schicken Sie uns bitte die Kopie unterschrieben zurück“?

Auch wenn Sie kurze Sätze und Wörter verwenden, wird der Inhalt leichter verständlich. Das bedeutet jedoch nicht, dass Sie banal schreiben müssen. Denn das macht einen Text wiederum langweilig. Die gekonnte Mischung aus kurzen und langen Sätzen macht einen Text spannend.

Gliederung Eine übersichtliche Gliederung des Textes hilft der Leserin, sich rasch einen Überblick zu verschaffen, und fördert damit die Verständlichkeit. Dabei kommt auch die Psychologie ins

Spiel. Wenn Sie eine der typischen Wochenzeitungen wie „Die Zeit" und hier vor allem die Wochenendausgaben zur Hand haben, schlagen Sie diese an beliebiger Stelle auf. Was fällt Ihnen auf? Die Artikel erstrecken sich manchmal über eine ganze Seite, mit nur wenigen Bildern und vor allem mit wenig Zwischenüberschriften. In unserem Hirn passiert dabei, angesichts der Textmenge, sofort Folgendes: „Puh, das wird lange dauern, das zu lesen. Diese Zeit habe ich jetzt nicht, ich lese es ein anderes Mal, wenn ich mehr Zeit habe." Und schon landet der Artikel auf dem Stapel der anderen noch nicht gelesenen, interessanten Artikel. Ich hatte selbst so einen Stapel in meinem Büro, der so lange gewachsen ist, bis er fast umgefallen ist. Und was habe ich dann getan? Irgendwann alles ungelesen weggeworfen.

Deshalb ist die Gliederung eines Textes so wichtig. Geben Sie Ihrer Leserin mit Zwischenüberschriften einen Überblick und bereiten Sie kleine Informationshappen für sie auf. Diese hervorgehobenen Überschriften oder Gliederungspunkte nimmt die Leserin auch beim raschen Scannen des Textes wahr und entscheidet danach, ob sie den Text genauer liest, weil sie eine für sie relevante Information erwartet. Zwischenüberschriften in längeren Texten gliedern den Text und ermöglichen es, der Leserin dort einzusteigen, wo es für sie gerade am interessantesten ist.

Bei der Gliederung geht es jedoch nicht nur um die optische, sondern auch um die inhaltliche Gliederung. In welcher Reihenfolge Sie Ihre Inhalte bringen, hat einen großen Einfluss darauf, wie gut Ihr Text verstanden wird. Über die Möglichkeiten, einen Text zu gliedern und eine für die Leserin sinnvolle Reihenfolge zu finden, erfahren Sie im Kapitel 3 noch mehr.

Prägnanz Prägnante Texte sind knapp und konzentriert formuliert. Darin werden unnötige Füllwörter und langatmige Beschreibungen weggelassen. Das soll jedoch nicht heißen, dass Sie in Zukunft nur die nackten Fakten schreiben. Ein paar erklärende Worte dürfen schon sein.

Attraktivität Ein Text wird dann reizvoll, wenn er Bilder im Kopf der Leserin entstehen lässt. Nicht umsonst hat der österreichische Buchhandel einmal mit dem Slogan geworben „Lesen ist Kino im Kopf". Sie müssen nicht unbedingt Geschichten erfinden, aber Sie können trockene Fakten mit Vergleichen und Metaphern verständlich machen und bildlich darstellen. Eine meiner Seminarteilnehmerinnen machte es so: Sie verfasst seit Jahren den Nachhaltigkeitsbericht des Unternehmens, das für Glasrecycling in Österreich verantwortlich ist. Sie kam zu mir, da sie nach Jahren des Schreibens von Geschäftsberichten kurz vor einer Schreibblockade stand und kaum jemand den jährlichen Nachhaltigkeitsbericht mit seinen Zahlen und Fakten wirklich las. Sie wollte all die Vorzüge des Glasrecyclings beschreiben, und dies in einer anderen Form als in den Jahren zuvor. Nach ein paar kreativen Übungen im Seminar hatte sie die Idee, den Glasrecyclingkreislauf anhand eines Marmeladeglases zu beschreiben. Sie schrieb „Aus dem Tagebuch eines Marmeladeglases" und zeigt anschaulich die Herstellung des Glases, wie sich das Glas dann über seinen leckeren Inhalt freut, bis es von einem jungen Paar gekauft wird, und wie es hofft, dass es nicht gemeinsam mit der dunklen Olivenölflasche in einen Container geworfen wird.

Ich habe aus dieser Geschichte sogar gelernt, dass Gummibänder in den Glascontainern gespannt sind, die den Aufprall der Gläser dämpfen. Es war eine entzückend geschriebene Geschichte. Doch bei der Teilnehmerin kamen Zweifel auf, ob ihr Vorstand diese Geschichte tatsächlich im Nachhaltigkeitsreport erscheinen lassen würde. Einige Wochen nach dem Seminar bekam ich Post. Der Nachhaltigkeitsbericht des Glasrecyclingunternehmens. „Aus dem Tagebuch eines Marmeladenglases" hatte auch den Vorstand überzeugt und die Teilnehmerin hatte viel Anerkennung für ihre attraktive Geschichte bekommen. Also scheuen Sie sich nicht, trockene Inhalte mit Anekdoten, Metaphern oder Geschichten für Ihre Leserin attraktiv und verständlich zu machen!

Ideen sammeln für einen Text

Nachdem wir uns nun angesehen haben, was einen Text verständlich macht, lassen Sie uns zum Prozess des Schreibens zurückkehren. Wie zuvor erwähnt, sollten Sie, bevor Sie schreiben, einen wichtigen Schritt einfügen – das Denken. Ich möchte Ihnen jetzt eine Methode vorstellen, mit der Sie alle Ideen und Informationen, die Sie für Ihren Text brauchen, sammeln, aber auch entwickeln können. Diese Methode – das Clustering – wurde eigens als Schreibeinstieg von der Amerikanerin Gabriele Rico entwickelt. Sie ist Schreibtrainerin und Autorin und war auf der Suche nach einer Methode, die es ihren Schülern erleichtern sollte, den ersten Schritt beim Schreiben zu wagen. Für die meisten ist der Anfang das Schwierigste – der berühmte erste Satz.

Vor dem Schreiben kommt das Denken

Wenn Sie vor dem Schreiben bereits alles notieren, was Ihnen zum Thema einfällt, müssen Sie während des Schreibens nicht mehr daran denken. Das heißt, in einem Cluster sammeln Sie alle Informationen, die später im Text vorkommen sollen.

Clustering entstand parallel zum Mind-Mapping von Toni Buzan, basierend auf denselben Erkenntnissen der Hirnforschung. Anfang der 1970er-Jahre fand man heraus, dass die rechte und linke Gehirnhälfte unterschiedlich funktionieren und Informationen verschieden verarbeiten. Man erkannte, dass die linke Gehirnhälfte linear funktioniert, dass hier Informationen der Reihe nach verarbeitet werden und vor allem, dass hier die Details eine Rolle spielen. Die linke Gehirnhälfte wird also als die rationale Hälfte bezeichnet, die Zahlen, Daten und Fakten verarbeitet.

Die rechte Gehirnhälfte dagegen gilt als die chaotische Hälfte. Sie nimmt das Ganze wahr, denkt bildhaft. Nachdem die rechte Gehirnhälfte als Sitz der Kreativität erkannt wurde, suchten sowohl Tony Buzan als auch Gabriele Rico nach einer Methode, die rechte Gehirnhälfte zu aktivieren. Und beide kamen auf ähnliche Methoden, wobei das Mind-Mapping als generelle Kreativitätsmethode entwickelt wurde, während das Clustering als Methode den Schreibeinstieg erleichtert.

Einige der wichtigsten Unterschiede zwischen den Methoden sind:

- **Kreise statt Äste:** Im Clustering wird jede Idee in einen Kreis geschrieben und nicht auf einen Ast wie beim Mind-Mapping.
- **Keine Hierarchie:** Während Mind-Mapping mit seiner Ästestruktur schon eine Hierarchisierung der Ideen in Hauptast und Nebenast verlangt, stehen beim Clustering die Kreise gleichwertig nebeneinander. Man kann natürlich Zusammenhänge durch Verbinden der Kreise ersichtlich machen. Doch jeder Kreis kann eine neue Mitte werden – was bei der Aststruktur des Mind-Mappings nicht funktioniert.

- **Ganze Sätze sind erlaubt:** Im Gegensatz zum Mind-Mapping, bei dem man sich auf ein Wort beschränken muss, kann man im Clustering auch ganze Sätze in die Kreise schreiben. Wenn Ihnen also schon beim Ideensammeln eine geniale Formulierung einfällt – aufschreiben!

Damit Sie sich die Methode nun auch bildlich vorstellen können, hier ein Cluster zur Veranschaulichung.

Clustering hat nur wenige Vorgaben, aber ich möchte Ihnen einige Tipps geben, wie Clustering am besten funktioniert:

■ Verwenden Sie A3-Papier und dieses bitte im Querformat. Das Hochformat verleitet unsere linke Gehirnhälfte dazu, wieder Listen zu schreiben. Denken Sie stattdessen in die Breite – indem Sie das Papier querformatig nehmen.
■ Das Papier sollte unbedingt unliniert sein. Verzichten Sie auf Linien und Kästchen, denn dadurch schränken Sie Ihr Denken ein.
■ Verwenden Sie bunte Stifte und vor allem gutes Schreibmaterial. Am besten eignen sich dafür Filzstifte, diese sind schön weich, und es lässt sich mit ihnen schnell schreiben.

Übung

Probieren Sie es gleich selbst aus, einfach nur, um sich mit der Methode vertraut zu machen und noch nicht für einen konkreten Text. Nehmen Sie einen der folgenden Begriffe und clustern Sie dazu alles, was Ihnen einfällt:

■ Weihnachten
■ Sommer
■ Liebe

Weitere Anwendungen für Clustering Wenn Sie das Clustern einmal für sich entdeckt haben, werden Sie viele Anwendungsfelder dafür finden. Ich clustere mittlerweile die Abläufe meiner Seminare, mache meine Urlaubsplanung und natürlich stand auch am Beginn dieses Buches das Clustering. Viele meiner Seminarteilnehmerinnen haben diese Methode ebenfalls in ihren Alltag integriert und selbst eingefleischte Listenschreiber clustern inzwischen lieber. Denn im Gegensatz zum Listenschreiben, bei dem man nachträgliche Punkte nur schwer einfügen kann, kann man im Cluster jederzeit einen weiteren Kreis hinzufügen.

Wer sich eingehender mit der Methode beschäftigen will, dem sei Gabriele Ricos Buch „Garantiert schreiben lernen" ans Herz gelegt. Sie finden darin neben einer genauen Erklärung der Methode auch viele Übungen und Anregungen fürs literarische Schreiben.

Nochmals zusammengefasst: Beim Clustern geht es darum, Ihren Ideen freien Lauf zu lassen, sie einfach auf Papier festzuhalten, ohne sie zu bewerten. Sie können Clustering auch als Brainstorming für einen Text begreifen. Sie werden beim Clustern merken, dass Sie nach wenigen Minuten an einen Punkt kommen, der Ihnen spannend erscheint. Da würden Sie gerne zu schreiben beginnen. Und das ist dann auch genau der Zeitpunkt, an dem Sie zur nächsten Methode wechseln – zum Freewriting (siehe nächster Abschnitt).

Ideen freien Lauf lassen

Die erste Fassung eines Textes

Für eine rasche erste Fassung Ihres Textes ist Freewriting die beste Methode. Doch das „Drauflosschreiben" ist leider nicht so einfach – damit es funktioniert, hier einige Regeln, die meine Kollegin Judith Wolfsberger vom „Writersstudio" in Wien formuliert hat:

- Wählen Sie einen Begriff oder ein Thema als Ausgangspunkt.
- Stellen Sie eine Stoppuhr auf 10, 15 oder 20 Minuten.
- Beginnen Sie einfach zu schreiben, was immer Ihnen durch den Kopf geht. Schreiben Sie ganze Sätze.

- Die schreibende Hand bleibt immer in Bewegung.
- Lesen Sie nicht, was Sie geschrieben haben. Schreiben Sie einfach weiter.
- Nichts löschen oder wegstreichen!
- Sorgen Sie sich nicht um Rechtschreibung, Satzzeichen und Grammatik.
- Verlieren Sie die Kontrolle, folgen Sie einfach Ihren Gedanken. Exkurse und Blödsinn sind okay.
- Wenn Ihnen nichts mehr einfällt, schreiben Sie so lange „Mir fällt nichts mehr ein …", bis ein neuer Gedanke kommt.
- Wenn die Zeit um ist, schreiben Sie den angefangenen Gedanken fertig und dann Stopp! Freuen Sie sich aufs nächste Mal.
- Sie schreiben diesen Text nur für sich selbst. Niemand anderes wird ihn sehen.
- Bewerten Sie nicht, was Sie geschrieben haben. Schalten Sie den „inneren Zensor" aus.

Der „innere Zensor"

Der „innere Zensor" ist die kleine fiese nagende Stimme in uns, die, während wir schreiben, flüstert: „Was Besseres fällt dir nicht ein? Glaubst du wirklich, dass das jemanden interessiert? So kann man das nicht schreiben." Das stört erheblich Ihre Kreativität beim Schreiben eines Rohtextes. Er darf beim Überarbeiten des Textes helfen, während des Rohtextschreibens hat er keinen Auftrag und soll sich still verhalten.

Diese Regeln klingen anfangs vielleicht ungewöhnlich, doch glauben Sie mir, es funktioniert. Ziel des Rohtextes ist es, in den Schreibfluss zu kommen. Wichtig für das Freewriting ist, dass Sie sich von Ihrem Anspruch trennen, sofort den perfekten Text zu schreiben. Im Wort „Rohtext" steckt das Wort „roh". Der Text ist also noch nicht fertig, und diesen Anspruch will er auch nicht erfüllen. Denken Sie daran – Schreiben ist ein Prozess. Sie schreiben mit der Freewriting-

Haltung einen Rohtext, den Sie später überarbeiten können. Es geht hier darum, eine schnelle, erste Fassung des Textes aufs Papier zu bringen – Material, mit dem Sie weiter arbeiten können. Und Sie werden erstaunt sein: Wenn Sie es zulassen, dass Sie einfach drauflosschreiben, so wie es Ihnen gerade einfällt, kommen Sie in den Schreibfluss, und in dem entstehen neue Gedanken, neue Formulierungen.

Mit der Hand schreiben

Immer wieder werde ich gefragt, warum es so wichtig ist, mit der Hand zu schreiben, und ob man es nicht gleich am Computer tippen kann. Nein! Das Schreiben mit der Hand erlaubt es uns, die Dinge so niederzuschreiben, wie sie uns einfallen. Am Computer neigen Sie zum Rückwärtsschreiben. Sie kennen das sicher: Kaum haben Sie einen Satz getippt, gefällt Ihnen die Formulierung nicht und Sie löschen ihn wieder weg. Sie beginnen den Satz erneut – und löschen ihn wieder weg. So geht das einige Male hin und her. Das meine ich mit Rückwärtsschreiben. Wenn Sie jedoch mit der Hand schreiben und nicht wegstreichen, was Sie geschrieben haben, bleibt die ursprüngliche Formulierung erhalten. Meine Seminarteilnehmer sind immer wieder erstaunt, welche guten Formulierungen sie bereits in ihren Rohtexten finden, wenn sie einfach immer weiter nach vorne schreiben, statt alles gleich wieder zu löschen.

Rückwärtsschreiben am Computer

Machen Sie sich das Schreiben mit der Hand leichter, indem Sie gutes Schreibmaterial verwenden. Mit einem billigen Werbekugelschreiber macht es nur halb so viel Spaß zu schreiben wie mit einer Füllfeder oder einem Gelroller, mit dem die Worte aufs Papier fließen. Vor allem wenn Sie in Zukunft wieder mehr mit der Hand schreiben, lohnt es sich, in gutes Material zu investieren. Denn mit einem herkömmlichen Kugelschreiber müssen Sie etwa zehnmal so stark auf-

Gutes Schreibmaterial

drücken wir mit einer Füllfeder – das ermüdet Ihre Hand umso schneller. Suchen Sie Notizbücher aus, deren Papier eine glatte Oberfläche hat. Viele Notizbücher haben eine mangelnde Papierqualität, was Sie an der leicht rauen Oberfläche des Papiers merken. Papier von hoher Qualität ist ganz glatt, fast seidig. Sie merken es sofort beim Schreiben: Die Feder gleitet ohne jeden Widerstand übers Papier. Ich gestehe, ich bin verrückt nach schönen Schreibmaterialien – ich habe immer ein Notizbuch und ein Set mit mindestens drei Füllfedern (natürlich mit unterschiedlichen Tintenfarben) in der Handtasche.

Handschrift birgt Überraschung — Ich hatte einen Seminarteilnehmer, der zu Beginn nicht sehr erfreut war, als ich ihn aufgefordert habe, seine Rohtexte mit der Hand zu schreiben. Weshalb er sie nicht gleich in den Computer tippen könne, er sei sehr schnell im Tippen, sagte er. Ich bat ihn, während des Seminars doch zu probieren, mit der Hand zu schreiben. Er war so überrascht über die Qualität seiner handschriftlichen Rohtexte, dass er einige Tage später mit einem neuen Notizbuch und einer neuen Füllfeder zum Seminar kam.

Verwöhnen auch Sie Ihren inneren Schreiber, indem Sie ihm mit schönem Schreibmaterial Lust aufs Schreiben machen.

Erlauben Sie sich, Schrott zu schreiben

Erwartungen niedrig halten — Wenn Sie Ihren Anspruch beim Rohtextschreiben niedrig halten und Ihr innerer Zensor nicht bei jedem Wort gleich „Fällt dir nichts Besseres ein?" oder „So kannst du das nicht schreiben" dazwischenschreit, können neue Ideen entstehen. Meine Lieblingsautorin zum Thema Schreiben, Natalie Goldberg, formuliert es so: *„Wenn Sie schreiben, nehmen Sie sich nicht vor: Jetzt schreibe ich ein Gedicht. Diese*

Erwartung wird Sie von vornherein hemmen. Setzen Sie sich hin, ohne etwas von sich zu erwarten, und sagen Sie sich: Ich darf den größten Schund der Welt schreiben. Sie müssen sich die Chance geben, so viel Sie wollen und ohne ein festes Ziel zu schreiben. Ich hatte Studenten, die mir erzählten, sie hätten sich vorgenommen, einen großartigen Roman zu schreiben, seitdem aber haben sie keine einzige Zeile zustande gebracht. Wenn Sie jedes Mal, sobald Sie sich an die Arbeit machen, etwas Großartiges von sich erwarten, kann das nur zu Enttäuschungen führen. Ganz abgesehen davon, dass Ihre Erwartung Sie von vornherein am Schreiben hindert."

Und Anne Lamott, eine weitere begnadete Autorin, schreibt sogar von der „Shitty first draft" – der „beschissenen ersten Fassung". Sie erinnern sich: Niemand schreibt druckreif. Also nehmen Sie diesen Druck von sich und schreiben Sie es so auf, wie es Ihnen gerade durch den Kopf geht oder wie Sie es jemandem im Gespräch erklären würden. Sie überarbeiten den Text ja ohnehin später, und dann können Sie jene Passagen, die Ihnen gar nicht gefallen oder bei denen Sie zu sehr vom Thema abweichen, wieder rausstreichen. Deshalb ist es so wichtig, dass diese erste Fassung niemand außer Ihnen sieht.

Es muss nicht druckreif sein

Übung

Jetzt sind Sie dran: Probieren Sie es einfach aus. Nehmen Sie das Cluster von vorhin zur Hand, suchen Sie sich ein ruhiges Plätzchen, nehmen Sie Papier und einen guten Stift zur Hand und schreiben Sie einfach drauflos. Beginnen Sie an der Stelle zu schreiben, die Ihnen beim Clustern am besten gefallen hat oder die Ihnen im Moment am leichtesten erscheint. Es kommt nicht darauf an, ob das wirklich der Anfang des Textes ist, sondern nur darauf, wo es für Sie jetzt am leichtesten ist, mit dem Schreiben zu beginnen. Sie können die richtige Reihenfolge des Textes dann beim Überarbeiten herstellen. Also lesen Sie sich nochmals die Freewriting-Regeln durch, Stoppuhr auf 10 Minuten stellen und losschreiben. Viel Spaß!

Überarbeiten eines Textes

Nachdem Sie nun die erste schnelle Fassung Ihres Textes geschrieben haben, geht es ans Überarbeiten. Ein wichtiger Punkt beim Überarbeiten ist: liegen lassen. So wie Rindfleisch eine Weile liegen muss, damit es richtig gut schmeckt, sollten Sie auch Ihrem Rohtext etwas Ruhe gönnen, bevor Sie anfangen, ihn weiter zu verfeinern.

Pause machen Das kann von einer Kaffeepause bis zu mehreren Tagen dauern – aber lassen Sie auf alle Fälle etwas Zeit verstreichen, bevor Sie den Text erneut zur Hand nehmen und ihn überarbeiten. Denn nur dann können Sie mit frischem Blick die guten Stellen erkennen, aber auch jene, an denen noch Überarbeitung notwendig ist.

Erster Schritt: abtippen Da Sie den Text ja hoffentlich wie empfohlen mit der Hand geschrieben haben, ist der erste Überarbeitungsschritt das Abtippen. Beim Rohtextschreiben habe ich mir angewöhnt, wenn mir an einer Stelle mehrere Wörter einfallen, die passen könnten, diese nebeneinander einfach hinzuschreiben. Und auch beim Abtippen schreibe ich all diese Formulierungen hin und entscheide erst beim nächsten Überarbeitungsschritt, welches der Wörter bleiben wird – denn dann sehe ich den Text in seinem Gesamtzusammenhang, und da ist es meist viel einfacher, zu entscheiden, welche Formulierung am besten passt.

Überarbeiten auf mehreren Ebenen

Sie können einen Text auf den drei folgenden Ebenen überarbeiten:

- inhaltliche Ebene
- strukturelle Ebene
- sprachliche Ebene

Es ist empfehlenswert, sich an diese Reihenfolge zu halten, und es ist nicht sinnvoll, an den einzelnen sprachlichen Formulierungen zu feilen, wenn Sie dann erst bemerken, dass ein wichtiger Inhalt fehlt.

Zum inhaltlichen Überarbeiten nehmen Sie nochmals Ihr Cluster zur Hand und überprüfen, ob alle wichtigen Inhalte, die Sie in Ihrem Cluster gesammelt haben, auch tatsächlich im Text vorkommen. Stellen Sie sich beim inhaltlichen Überarbeiten folgende Fragen:

Inhaltlich überarbeiten

- Kommen alle notwendigen Inhalte vor?
- Ist das Ziel des Textes klar?
- Wo schreibe ich an der Leserin vorbei?
- Wo sind meine Sätze schwer verständlich?

Auf der strukturellen Ebene überprüfen Sie, ob die Reihenfolge des Textes logisch und nachvollziehbar ist. Die folgenden Fragen können Ihnen die Überarbeitung erleichtern:

Strukturell überarbeiten

- Ist die Reihenfolge für die Leserin leicht nachvollziehbar?
- Weckt mein Textanfang das Interesse meiner Leserin?
- Führe ich gut von Absatz zu Absatz?
- Weisen meine Überschriften den Weg?
- Sind meine Absätze gut strukturiert?
- Springen die wichtigsten Punkte ins Auge?

Erst beim sprachlichen Überarbeiten begeben Sie sich auf die Satz- und Wortebene. Viele fangen leider gleich auf dieser Ebene an und vergessen die anderen beiden Ebenen. Folgende Fragen helfen Ihnen bei der sprachlichen Überarbeitung:

- Wo sind meine Hauptsätze schwach?
- Wo kann ich noch einfacher und prägnanter schreiben?
- Wo kann ich noch freundlicher schreiben?
- Wo kann ich aktiver formulieren?
- Wecke ich die Vorstellungskraft?
- Vergraule ich Leserinnen mit Insiderbegriffen?
- Verwende ich Schlüsselbegriffe konsequent?
- Wie lebendig sind meine Beschreibungen?

Mit dem sprachlichen Überarbeiten können Sie Ihre Texte prägnanter und knackiger machen. Doch neben den Fragen hilft Ihnen das bereits vorgestellte Hamburger Verständlichkeitsmodell, Texte zu straffen und leichter lesbar zu machen.

Vier
Verständlichmacher Ich stelle Ihnen nun vier Personen vor, die Ihnen in Zukunft beim sprachlichen Überarbeiten zur Seite stehen werden. Das sind die vier Verständlichmacher: Herr Einfach, Frau Prägnant, Herr Strukturiert und Frau Attraktiv.

Herr Einfach

Herr Einfach achtet darauf, dass keine schwer verständlichen Fachbegriffe verwendet werden. Er mag kurze Wörter mit maximal drei Silben und kurze Sätze. Dabei macht er Unterschiede zwischen gedruckten und digitalen Texten. Bei Texten, die gedruckt werden, wie Zeitungsartikel oder Texte in Broschüren, können die Sätze maximal 25 Wörter lang sein. Im digitalen Bereich, also auf Websites oder in E-Mails, sollten die Sätze höchstens 15 Wörter lang sein, weil das Lesen am Monitor schwerer fällt.

Die folgende Übersicht zeigt die wichtigsten Punkte, auf die Herr Einfach beim Überarbeiten achtet.

Suchen Sie beim Überarbeiten folgende typische Schwachstellen in Ihrem Rohtext:	Ihr Text wird besser, wenn Sie ihn in diese Richtung umbauen:
schwer verständliche Fachbegriffe oder firmeninterne Formulierungen, zum Beispiel: „Ordnungszuschlag"	Wörter aus der Alltagssprache, zum Beispiel: „Mahngebühr"
lange, zusammengesetzte Wörter, zum Beispiel: „sprachgesteuerter Telefonansagedienst"	kurze Wörter (maximal drei Silben, eventuell mit Bindestrich), zum Beispiel: „Telefon-Service"
bürokratische Floskeln, zum Beispiel: „Wir bestätigen den Eingang Ihrer Beschwerde und teilen Ihnen dazu Folgendes mit ..."	Wörter, die Sie in einem freundlichen Telefonat verwenden würden, zum Beispiel: „Danke für Ihren Brief vom 3. 3. Es tut uns leid, dass ..."
Abkürzungen, die nicht jeder versteht, zum Beispiel: „o. e." (für oben erwähnte)	Ausschreiben, zum Beispiel: „die oben genannte"
lange Schachtelsätze	kurze Sätze (maximal 15 Wörter)

Lange Schachtelsätze verwirren die Leserin – oft muss so ein Satz zweimal gelesen werden, damit er verstanden wird. Häufig können Sie einen langen Satz einfach nach dem ersten Teilsatz abschließen und aus dem zweiten Teil einen eigenen Satz machen. Eine gute Methode, um Schachtelsätze zu zerschlagen, ist:

Fragen Sie jedes Komma, ob es nicht lieber ein Punkt wäre.

Frau Prägnant

Frau Prägnant achtet beim sprachlichen Überarbeiten einerseits darauf, ob die konkreten Inhalte genannt werden. Andererseits ist sie diejenige, die Substantive in Verben zurückverwandelt. Texte werden lebendiger und verständlicher, wenn viele aktive Formulierungen verwendet werden, die konkrete Tätigkeiten beschreiben. Diese sogenannten „schwitzenden" Wörter lassen Bilder im Kopf der Leserin entstehen. Frau Prägnant entfernt aus Texten die unnötigen Füllwörter wie „besonders", „eigentlich" und „nämlich". Diese verwässern die Aussage des Textes. Das Weglassen dieser Füllwörter hilft beim Kürzen der Sätze.

In der folgenden Übersicht sind die wichtigsten Punkte zusammengefasst, auf die Frau Prägnant achtet.

Suchen Sie beim Überarbeiten folgende typische Schwachstellen in Ihrem Rohtext:	Ihr Text wird besser, wenn Sie ihn in diese Richtung umbauen:
abstrakte, umständliche Darlegungen	konkrete Inhalte: Wer? Was? Wann? Wo? Wie?
in Substantiven versteckte Verben enden mit -ismus, -heit, -keit, -ung, zum Beispiel: „Zur Fristwahrung genügt die rechtzeitige Absendung des Widerrufs."	Verben machen Ihren Text lebendig, zum Beispiel: „Um die Frist zu wahren, senden Sie bitte den Widerruf rechtzeitig ab."
mögen, dürfen, müssen, sollen, können, wollen; zum Beispiel: „Die Abreise mögen Sie bitte mit dem Hotel vereinbaren."	direkte Aufforderung, zum Beispiel: „Vereinbaren Sie bitte Ihre Abreise mit dem Hotel."
Passivform von Verben, zum Beispiel: „Einkäufe werden überwiegend im regionalen Umfeld getätigt."	Aktivform von Verben, zum Beispiel: „Viele Menschen kaufen gerne in ihrer Region ein."
„Papierverben", zum Beispiel: führen, erfolgen, bestehen, sich befinden, sich handeln um	„schwitzende" Verben, die eine konkrete Tätigkeit benennen (zum Beispiel: anrufen, senden, schreiben) oder einen Vorgang (zum Beispiel: stärken, wachsen)
Füllwörter, zum Beispiel: eigentlich, besonders, wirklich, überhaupt, doch, nämlich	Knackige Sätze entstehen durch Löschen der Füllwörter.

Herr Strukturiert

Absätze einfügen

Herr Strukturiert achtet darauf, ob der Text auch auf der sprachlichen Ebene gut gegliedert ist. Er berücksichtigt, dass Absätze eingefügt sind und damit kleine Informationshappen für die Leserin entstehen. Pro Absatz sollte ein Argument behandelt werden. Das nächste Argument, die nächste Information, kommt in den nächsten Absatz.

Herr Strukturiert überprüft, ob an manchen Stellen Aufzählungen oder Tabellen leichter verständlich sind als Fließtext. Er achtet auch darauf, dass die wichtigsten Aussagen des Textes sofort ins Auge springen, indem sie hervorgehoben sind.

Die wichtigsten Überarbeitungstipps von Herrn Strukturiert zeigt die folgende Übersicht.

Suchen Sie beim Überarbeiten folgende typische Schwachstellen in Ihrem Rohtext:	Ihr Text wird besser, wenn Sie ihn in diese Richtung umbauen:
Text ohne Absätze – „ohne Punkt und Komma"	Absätze einfügen (kleine Infohappen)
alles als Fließtext	Aufzählungen untereinander durch Zahlen Punkte Tabellen hervorheben.
	Hervorhebung der wichtigsten Stellen des Briefes durch Freistellen, Fettmachen oder Unterstreichen

nichtssagende Betreffzeile, zum Beispiel „Ihre Aktenzahl 123456"	wesentliche Aussage/Info im Betreff, zum Beispiel „Ihr Versicherungsschutz für 2010"
	freundlicher Einstieg und Schluss, zum Beispiel bei einem Brief: „Danke für Ihr Schreiben ... Rufen Sie einfach an, wenn Sie Fragen haben."

Frau Attraktiv

Frau Attraktiv bemüht sich um einen freundlichen Ton und bittet bei heiklen Schreiben um Verständnis. Sie spricht den Adressaten häufig direkt an und nutzt positive Verstärker, um den Text für die Leserin attraktiv zu machen.

Suchen Sie beim Überarbeiten folgende typische Schwachstellen in Ihrem Rohtext:	Ihr Text wird besser, wenn Sie ihn in diese Richtung umbauen:
herablassender, belehrender oder bürokratischer Ton, zum Beispiel: „Die Zweitschrift ist von Ihnen unterfertigt zu retournieren."	extrem freundlicher Ton, zum Beispiel: „Bitte schicken Sie uns die Kopie unterschrieben zurück. Vielen Dank!"
	Vorteile für Adressaten hervorheben, zum Beispiel: „Damit Sie bald zu Ihrem Geld kommen, brauchen wir ..."
	Verständnis für die Situation/Perspektive des Adressaten zeigen, zum Beispiel: „Wir verstehen, dass ..."

häufige Verwendung von „wir", „man" und Passivsätzen	häufige direkte Ansprache des Adressaten mit „Sie", „Ihre", „Ihnen"
	positive Verstärker einbauen, zum Beispiel: einfach, gratis, kostenlos, gerne, jederzeit
indirekte und abstrakte Sprache, zum Beispiel „ist zu retournieren, ist zu unterfertigen"	Adressaten direkt und freundlich auffordern, zum Beispiel „Schicken Sie uns bitte …", „Bitte unterschreiben Sie …"

2. Schreiben als Ideengenerator

Schreiben braucht Übung

Natalie Goldberg schreibt in ihrem inspirierenden Buch *„Schreiben in Cafés": „Schreiben ist wie Laufen – je öfter Sie es tun, umso besser werden Sie. An manchen Tagen haben Sie keine Lust und müssen sich zu jedem Meter Ihrer festgesetzten Strecke zwingen, trotzdem laufen Sie. Sie trainieren, ob Sie wollen oder nicht. Sie warten nicht auf die Inspiration oder auf die Lust zu laufen. Denn sie wird nicht von alleine kommen – schon gar nicht, wenn Sie einmal nicht mehr in Form sind. Wenn Sie dagegen regelmäßig laufen, trainieren Sie Ihren Geist darauf, Ihren inneren Widerstand zu durchbrechen. Sie tun es einfach. Irgendwann mittendrin macht es Ihnen plötzlich Spaß. Und wenn Sie am Ende Ihrer Strecke angelangt sind, wollen Sie gar nicht mehr aufhören. Sie sehnen sich schon nach dem nächsten Mal. Mit dem Schreiben ist es nicht anders. Wenn Sie einmal dabei sind, fragen Sie sich, warum Sie so lange gebraucht haben, bis Sie sich an Ihren Tisch setzten. Durch Training werden Sie wirklich besser. Sie lernen, Ihrem Inneren immer mehr zu vertrauen und nicht der Stimme nachzugeben, die Ihnen empfiehlt, dem Schreiben aus dem Weg zu gehen. Seltsam, wir zweifeln nicht daran, dass ein Fußballteam viele Stunden vor einem Spiel trainieren muss, beim Schreiben gönnen wir uns aber so wenig Zeit zum Üben."*

Schreiben ist wie Laufen

Unrühmliche Hirnentleerung

Morgenseiten
schreiben Was zwischen uns und unserer Kreativität steht, ist all das kleinliche Alltagszeug. Daher empfiehlt Julia Cameron in ihrem Buch „*Der Weg des Künstlers*" das Schreiben von „Morgenseiten". Das sind drei Seiten, auf denen alles steht, was Ihnen gerade durch den Kopf geht. Was Sie beschäftigt, ärgert, freut, worüber Sie sich Sorgen machen, woran Sie denken wollen – schreiben Sie alles auf. Nichts ist zu banal, um auf diesen Morgenseiten zu stehen.

Julia Cameron nennt es daher auch die „unrühmliche Hirnentleerung". So wie Sie sich am Morgen waschen und die Zähne putzen, reinigen Sie mit den Morgenseiten gewissermaßen auch Ihr Gehirn. Es geht dabei jedoch nicht darum, eine To-do-Liste für den Tag zu schreiben. Es geht darum, all die kleinen Alltagssorgen und Wünsche dem Papier zu übergeben, damit Sie diese nicht den ganzen Tag mit sich herumtragen müssen.

Unverzichtbares
Ritual Ich schreibe meine Morgenseiten seit 2004, beinahe ohne Unterbrechung. Nach einiger Zeit war ich der Meinung, ich bräuchte die Morgenseiten nicht mehr. Jetzt hatte ich ja schon Übung im Schreiben und könnte sie weglassen, dachte ich. Nach ein paar Tagen fühlte ich mich unwohl, misslaunig und gereizt. Bis ich darauf kam: Mir fehlten die Morgenseiten! Also habe ich wieder zu schreiben begonnen, jeden Tag am Morgen.

Gut gelaunt
in den Tag Aber auch meine Seminarteilnehmer, die meiner Empfehlung gefolgt sind und es ausprobiert haben und das morgendliche Schreiben in ihren Alltag integriert haben, bestätigen: Sie sind besser gelaunt und produktiver, seit sie täglich ihre Morgenseiten schreiben. Die einen schreiben im Zug auf dem Weg zur Arbeit, die anderen noch im Bett sitzend, bevor

sie aufstehen, und wieder andere gleich als Erstes, wenn sie ins Büro kommen.

Probieren Sie es aus! Legen Sie sich ein Notizbuch zu und schreiben Sie drei A5-Seiten voll. Andere tun sich mit einem zeitlichen Limit von 10 bis 15 Minuten leichter. Wozu auch immer Sie sich entscheiden – tun Sie es!

Ein wichtiger Punkt bei den Morgenseiten ist, dass Sie diese nur für sich schreiben. Also lassen Sie das Buch nicht auf dem Schreibtisch im Büro oder auf dem Wohnzimmertisch zu Hause liegen, wo jemand anderes darin lesen könnte. Es sind Ihre geheimsten Gedanken, die Sie darin aufschreiben – und die sind nur für Sie selbst gedacht.

Für sich schreiben

Julia Cameron empfiehlt, in den ersten drei Wochen die Aufzeichnungen nicht einmal selbst zu lesen. Ich lese meine Notizen sowieso nie, außer ich habe eine geniale Idee entwickelt. Die will ich dann natürlich wiederfinden. Dafür markiere ich die Seite mit einem Post-it, damit ich die Stelle später schnell entdecke.

....

Übung

Legen Sie sich ein Notizheft, einen Block oder Ähnliches für Ihre Morgenseiten an und beginnen Sie morgen zu schreiben. Drei Seiten oder 15 Minuten ohne Unterbrechung, alles, was Ihnen durch den Kopf geht. Probieren Sie aus, wann Sie das Schreiben der Morgenseiten am besten unterbringen. Testen Sie auch unterschiedliche Schreiborte dafür aus: Bett, Küchentisch, Zug, Sofa, Toilette. Vollkommen egal – Hauptsache Sie schreiben!

....

Zero draft

Manchmal ist es notwendig, sogar noch vor dem Clustern eine weitere Stufe einzufügen: den „Zero draft", die Nullnummer. Sie schreiben diesen „Zero draft", um sich über bestimmte Aspekte des Themas klar zu werden. Der „Zero draft" ist dazu da, auf dem Papier zu denken, sich Fragen zu stellen, neue Ideen zu entwickeln. Sie schreiben den „Zero draft" in der Freewriting-Haltung. Doch dieser Text hat nicht den Anspruch, bereits als Rohtext verwendet zu werden. Sehen Sie es eher als Schreibübung vor dem tatsächlichen Schreiben. Sie können sich dabei zum Beispiel folgende Fragen stellen:

- Was interessiert mich an dem Thema?
- Warum ist das Thema für meine Leserin spannend?
- Was ärgert mich?
- Wo komme ich nicht weiter? Was blockiert mich?
- Was freut mich? Was finde ich spannend daran?
- Was ist mir noch unklar?

Auseinandersetzung mit dem Thema Ich zeige Ihnen im nächsten Abschnitt zwei Übungen, die hilfreich für den „Zero draft" sind. Wichtig an dieser Stelle ist: Manchmal muss man, bevor man zu einem Text clustern kann, eine Vorstufe einfügen, um den Knoten im Knopf zu lösen. Das funktioniert am besten, indem Sie darüber schreiben. Auf diese Weise gewinnen Sie wichtige Erkenntnisse, was Sie in Ihrem Text sagen wollen, was Sie mit dem Text erreichen wollen, aber auch, was Sie vielleicht noch recherchieren müssen. Dafür ist der „Zero draft" wunderbar geeignet: Klarheit über ein Thema zu bekommen.

Auf dem Papier denken

„Zero drafts" oder Schreibübungen sind eine wunderbare Methode, um nachzudenken. Wenn Sie sich zum Beispiel über etwas ärgern oder Sie sich von jemandem gekränkt fühlen, ist Schreiben eine ideale Methode, um das aufzuarbeiten. Indem Sie sich auf dem Papier die Frage stellen „Was genau ärgert mich daran?" und sich diese Frage selbst schreibend beantworten, können sich Dinge klären. Sie schauen sozusagen hinter die Kulissen, ergründen die wahren Ursachen hinter den Gefühlen. Es ist schwer zu erklären, warum es so anders ist, über diese Dinge zu schreiben, anstatt nur darüber nachzudenken. Es hat eine andere Qualität – man formuliert anders, genauer, wenn man Dinge aufschreibt. Die Gedanken werden langsamer, damit man sie aufs Papier bringen kann. Und sie werden greifbarer, wenn sie da stehen. Sie können jederzeit nachgelesen werden und sind nicht so flüchtig.

Gedanken werden materiell

Darum hat Schreiben etwas Magisches für mich – mit dem Niederschreiben der Gedanken kommen sie in diese Welt, sie werden materiell (nicht im Sinne von monetär), sie werden angreifbar, wahr.

Es gibt eine Studie, die belegt, dass es einen großen Unterschied macht, ob man Ziele aufschreibt oder nicht. Absolventen eines Jahrganges der Havard University wurden nach ihren Zielen befragt. 30 Jahre später wurde überprüft, ob sie diese Ziele erreicht haben. Das erstaunliche Ergebnis: Nur drei Prozent der Absolventen hatten ihre Ziele schriftlich formuliert. Und diese drei Prozent haben ihre Ziele erreicht.

Ziele schriftlich formulieren

Aber zurück zum „Zero draft" – noch einmal zusammengefasst: Der „Zero draft" ist nur für Sie bestimmt; auch diesen sollte, ähnlich wie den späteren Rohtext, niemand außer

Ihnen lesen. Sie schreiben den „Zero draft", um Unklarheiten über das Thema auszuräumen. Auch hier setzen Sie sich ein Zeitlimit von beispielsweise 20 Minuten und schreiben alles auf, was Ihnen zum Thema einfällt. Stellen Sie sich selbst Fragen und beantworten Sie diese. Schreiben Sie die Fragen tatsächlich auf! Wenn Sie fertig geschrieben haben, nehmen Sie einen bunten Stift zur Hand (bitte nicht Rot, das erinnert an die Korrekturen in der Schule) und unterstreichen beim Lesen jene Stellen, die wichtig sind. Also Erkenntnisse, die Sie gewonnen haben, Punkte, die Sie noch recherchieren müssen, und so weiter.

Ins Cluster übertragen Die Erkenntnisse übertragen Sie dann in ein Cluster gemeinsam mit den sonstigen Inhalten, die der Text haben soll. Und erst danach geht es ans Rohtextschreiben für den tatsächlichen Text.

Neue Ideen fließen aufs Papier

Zwei Arten von Texten Um neue Ideen zu entwickeln, kann Schreiben ein wahrer Ideengenerator sein. Wenn Sie sich darauf einlassen, auf dem Papier nachzudenken, ohne dass Sie den Anspruch haben, dass die so entstehenden Texte verwendet werden müssen, kann Neues entstehen. Unterscheiden Sie daher in Zukunft bitte zwei Arten von Texten: Texte für andere und Texte für Sie selbst. Mit den Texten für andere beschäftigen wir uns weiter hinten, in den Kapiteln 3 und 4. Das Schreiben für sich selbst – sei es mit Morgenseiten, Schreibübungen oder „Zero draft" – ist eine Möglichkeit, sich über Dinge, die Sie beschäftigen, klar zu werden und neue Ideen und Lösungen für Probleme zu finden.

Unsere Gedanken bekommen eine andere Qualität, wenn wir sie niederschreiben. Sie werden dichter, klarer, fokussierter. Ich möchte Sie ermutigen, Schreiben als Problemlösungstool zu verwenden. Und die Anwendungsgebiete sind schier unerschöpflich: Vom privaten bis in den beruflichen Bereich können Sie schreibend über (fast) alle Probleme des Lebens nachdenken. Angefangen damit, warum Sie die Worte Ihres Partners so geärgert haben, bis zum Thema, wie Sie neue Kunden gewinnen können. Wie Sie Schreiben dafür konkret anwenden können, möchte ich Ihnen jetzt zeigen. Ich stelle Ihnen zwei Möglichkeiten vor, mit denen Sie schreibend Lösungen finden und neue Ideen gewinnen können.

Probleme schreibend lösen

Fragen stellen

Die erste Methode, mit der Sie neue Ideen gewinnen können, ist, Fragen zu stellen. Als Coach liebe ich diese Methode. Nichts ist so hilfreich, um einen neuen Blickwinkel einzunehmen, als Fragen. Mark Lewy hat in seinem Buch „*Geniale Momente*" dem Thema ein eigenes Kapitel gewidmet. Er beschreibt es darin so: „*Was ist ein neuer Blickwinkel? Nichts mehr als eine Frage, die Sie sich selbst auf dem Papier stellen und die Sie dazu bringt, etwas, das Sie eben geschrieben haben, zu kommentieren. Ich benutze neue Blickwinkel nicht nur für meine persönlichen Aufzeichnungen, sondern auch für öffentliche Dokumente. Wenn Sie das vorliegende Buch durchblättern, werden Sie sehen, dass ich mir immer wieder Fragen stelle wie: Was habe ich mir dabei überlegt? Oder: Wie kann ich das anders ausdrücken? Dies sind zwei meiner beliebtesten Fragen. Sie bringen mich dazu, das, was ich gemacht habe und glaube bereits zu wissen, nochmals zu überdenken. Sie fordern mich heraus, frische Gedanken zu produzieren – sogar dann, wenn ich meine, am Ende der Straße angelangt zu sein.*"

Neue Blickwinkel

Fragezettel als Hilfe In meinen Seminaren lasse ich die Teilnehmer zu einem beliebigen Thema schreiben und teile nach einigen Minuten kleine Fragezettel aus. Sobald sie die Frage vor sich liegen haben, sollen sie diese in ihre Notizen aufnehmen und beantworten. Nach weiteren zehn Minuten beenden wir die Übung. Die Reaktionen ähneln sich immer wieder. Ich werde gefragt, wie ich die Fragen für die Personen ausgewählt habe, denn die Frage habe so gut gepasst und die Person weitergebracht. Das Erstaunen ist dann meist groß, wenn ich sage, dass ich die Fragen zufällig auswähle. Genau das ist das Geheimnis dahinter. Es kommt oft gar nicht darauf an, welche Frage man bekommt. Ich brauche nur einen Anstoß von außen, um in eine andere Richtung zu denken – und das gelingt, wenn ich versuche eine Antwort auf die Frage zu finden.

Neue Blickwinkel bekommen Kopieren Sie sich die folgende Abbildung aus dem Buch, zerschneiden Sie diese Seite in kleine Zettel und falten Sie sie zusammen. Legen Sie die Fragen in eine Schale oder Box und stellen Sie diese auf Ihren Schreibtisch. Beim nächsten Thema, zu dem Sie einen neuen Blickwinkel suchen, beginnen Sie zu schreiben und ziehen nach etwa fünf Minuten einen Zettel mit einer Frage. Beantworten Sie diese Frage. Sie können nach weiteren fünf Minuten einen zweiten Zettel nehmen und sehen, wie Sie diese Frage wieder auf neue Ideen bringt.

Wie kann ich dies spannender machen?	Warum stecke ich an diesem bestimmten Punkt fest?
Was habe ich hier ausgelassen?	Worin habe ich Unrecht?
Wie kann ich das beweisen?	Wie kann ich das widerlegen?
Was ist die Schwäche des Produkts oder der Dienstleistung? Wie kann ich diese ausgleichen?	Wenn ich einen groben Fehler machen wollte, was müsste ich tun?
Ist die Information für die Leserin wichtig?	Welchen Nutzen hat die Leserin von der Information?
Wie würde ich dies meinem Chef beschreiben?	Wie würde ich das einem Kind erklären?
Wie würde ich das einem kritischen Kunden gegenüber erklären?	Was ist die Stärke des Produkts oder der Dienstleistung?
Wo ist der Beweis, dass diese Aussage der Wahrheit entspricht?	Wenn ich weiterhin so denke, was kann passieren?
Wie sieht der schlechteste Fall aus?	Wie sieht der beste Fall aus?

Durch diese simplen Fragen, die Sie sich stellen, kommen Sie zu neuen Blickwinkeln, die Ihnen helfen Ihre Aufmerksamkeit auf die bisher unbeachteten Elemente einer Situation oder eines Themas zu lenken. Dadurch kann Ihr Text spannender, interessanter, aber auch leichter verständlich für Ihre Leserin werden.

Papiergespräche führen

Dialog auf Papier Bei dieser Methode geht es darum, einen Dialog auf dem Papier zu führen. Sie stellen sich also zum Beispiel einen Nutzer Ihres geplanten Produkts vor und führen ein Gespräch mit ihm. Wichtig ist, dass Sie sich vor dieser Übung diese Person genau vorstellen. Oder Sie nehmen eine reale Person, die Sie kennen. Sie schreiben dabei sowohl die Fragen, die Sie dieser Person stellen, auf, als auch deren Antworten. Ich höre schon das Raunen: „Woher soll ich wissen, was diese Person antworten wird?" Doch das ist das Erstaunliche: Wenn Sie sich dem Schreibfluss hingeben, tauchen die Antworten wie von selbst auf. Denn Ihre Kreativität wird Ihnen die Antworten liefern, wenn Sie sich darauf einlassen.

So kann der Beginn eines Papiergesprächs aussehen:

Ich: „Frau B., danke, dass Sie sich Zeit nehmen, mir meine Fragen zu beantworten."
Frau B.: „Gerne, was wollen Sie denn wissen?"
Ich: „Wir arbeiten gerade an X und wollten von Ihnen wissen, was Sie sich von so einem Produkt erwarten."
Frau B.: „Von einem X erwarte ich mir, dass es ...“

Aufwärmphase Wie bei einem „richtigen" Gespräch ist auch hier eine Aufwärmphase nötig, bis Sie Ihre Fragen aufschreiben können. Die nächste Frage ergibt sich auch beim Schreiben meist aus

der Antwort. Überlegen Sie, welche Fragen Sie einem poten- **Neue Erkenntnisse**
ziellen Benutzer Ihres Produkts stellen würden, damit Sie **erlangen**
sicher sein können, dass das Produkt den Bedürfnissen des
Kunden gerecht wird. Sie können mit dieser Methode herausfinden, was für das neue Produkt wichtig ist oder was
Ihre Zielgruppe interessiert und sie von Ihrem Unternehmen
erwartet. Außerdem können Sie so erfahren, welche Informationen Ihr Gegenüber in Ihrem späteren Text braucht oder
nicht braucht. Diese Methode dient dazu, neue Erkenntnisse
zu erlangen. Wie bereits erwähnt, erfüllt der dabei entste-
hende Text nicht den Anspruch, in dieser Form verwendet
zu werden. Setzen Sie sich für das Papiergespräch ebenfalls
ein Zeitlimit; 30 Minuten haben sich als gute Zeitspanne her-
ausgestellt, um sich auf den Dialog einzulassen und Neues zu
entwickeln. Nach den 30 Minuten nehmen Sie einen anders-
farbigen Stift zur Hand und unterstreichen die Erkenntnisse
und Ideen, die Sie erarbeitet haben. Diese können Sie, wenn
Sie wollen, in ein Cluster übertragen, damit Sie die Ideen
übersichtlich auf einem Blatt zusammengefasst haben.

Meine Seminarteilnehmer sind meist skeptisch zu Beginn
dieser Übung, dafür dann aber umso erstaunter, was ihnen
alles einfällt und auf welche neuen Ideen sie gekommen sind.

....

Übung

Jetzt sind Sie dran: Nehmen Sie Ihr Notizbuch zur Hand, stellen
Sie die Stoppuhr auf 30 Minuten und schreiben Sie einen Dialog.
Kleine Hilfestellung an Themen:

- was mein Kunde vom neuen Produkt erwartet
- was meine Leserin an diesem Thema interessiert
- was mein Mitarbeiter braucht, um bei einer Veränderung mit-
  zuziehen

Neue Ideen fließen aufs Papier **47**

Neue Produktideen fließen aufs Papier

Ich habe bisher zwar die meiste Zeit von Produkten gesprochen. Doch die Überlegungen, die ich Ihnen hier anbiete, sind natürlich auch für die Entwicklung von Dienstleistungen geeignet. Ich habe sie alle selbst für die Entwicklung von Firmenangeboten genutzt und so Seminare, Coachings und Programme entwickelt.

Sie haben nun zwei Methoden kennengelernt, die Ihnen helfen können, neue Blickwinkel anzunehmen. Diese Methoden lassen sich natürlich auch wunderbar dafür verwenden, neue Produktideen zu entwickeln und zu verfeinern. Mit dem Papiergespräch können Sie von Ihrem potenziellen Kunden erfahren, was er sich von einem Produkt wünscht. Das ist eine wichtige Grundlage für die weiteren Schritte. Denn sowohl in der Produktgestaltung wie auch in der weiteren Kommunikation sollten Sie den Kunden dort abholen, wo er gerade steht. Wie Sie das in der Kommunikation – und hier vor allem in Ihrer schriftlichen Kommunikation – mit dem Kunden machen können, schauen wir uns genauer im Kapitel 3 an.

Vorteile für den Kunden Sich schon in der Phase der Produktentwicklung anzuschauen, was der Kunde braucht und will, kann Ihnen viel Geld und Mühen ersparen. Meine Ansichten mögen gegen die gängigen Marketing- und Werbemeinungen gehen, dass man mit den entsprechenden Maßnahmen auch Bedarf erzeugen kann. In meinen Augen ist das jedoch der weit mühsamere Weg. Ich halte es für klüger, sich anzusehen, welches Problem der Kunde hat und wie man dieses mit seinen Produkten oder seiner Dienstleistung lösen kann. Sie merken schon: Das ist eine komplett andere Herangehensweise.

In meinem letzten Job als Angestellte habe ich mich anfangs bei den Kollegen in der Forschungsabteilung unbeliebt gemacht. Wann immer sie mir stolz eine neue technische Errungenschaft präsentiert haben, habe ich gefragt: „Was hat der Kunde davon?" Gerade im technischen Bereich besteht die Gefahr, dass man Produkte entwickelt, die alle technischen Raffinessen aufweisen. Man packt technische Möglichkeiten in das Gerät, weil sie machbar sind – aber braucht der Kunde sie tatsächlich? Lösen sie ein Problem vom Kunden? Wird für ihn dadurch etwas einfacher, schneller, besser?

Standpunkt der Zielgruppe einnehmen

Um zurück zu meinem Ausgangspunkt zu kommen – Schreiben ist eine wunderbare Methode, neue Produkte und Dienstleistungen zu entwickeln. Doch hüten Sie sich davor, nur die neuesten Trends und Entwicklungen aufspüren zu wollen, sondern nehmen Sie auch den Standpunkt der jeweiligen Zielgruppe ein und überlegen Sie sich genau, was diese von Ihrer Idee hat. Spinnen Sie neue Ideen, indem Sie darüber schreiben, malen Sie sich auf dem Papier genau aus, wie das Produkt aussieht, was es kann, wie es sich anfühlt und so weiter. Indem Sie all diese Dinge schreibend entwickeln, haben Sie schon die ersten Anhaltspunkte für Ihr Produkt. Daraus können Sie ableiten, welches Material Sie brauchen, wie das Produkt aussehen soll und vielleicht auch schon, wie Sie es verpacken. Aber bitte lassen Sie bei all den Überlegungen niemals Ihre Zielgruppe außer acht. Sondern überlegen Sie sich schon in der Phase der Produktentwicklung den Nutzen – und zwar den Nutzen jedes technischen Details, das Sie einplanen.

Das Problem des Kunden

Sie können natürlich auch den umgekehrten Weg gehen und sich fragen: Was ist das Problem des Kunden? Beschreiben Sie das so detailliert, wie Sie können. Und überlegen Sie sich dann, was der Kunde braucht, um dieses Problem zu lösen.

Mir fällt dazu mein „Dyson Staubsauger" ein. Jeder, der wie ich mit einem Hund und zwei Katzen lebt, kann sich vorstellen, wie frustrierend und teuer es ist, wenn der Staubsaugerbeutel ständig voll. Ein klassisches Problem, das wohl viele kennen. Sichtlich auch Mr. Dyson; er hat sich dieses Problems angenommen und dafür eine Lösung gefunden, indem er einen beutellosen Staubsauer entwickelt hat. Die Firma Dyson setzt das übrigens auch geschickt in der Werbung um – sie kommuniziert genau diesen Nutzen.

An den Kundennutzen schon bei der Produktentwicklung denken – das macht Ihnen die spätere Kommunikation leichter und das Produkt erfolgreicher.

Marketingkonzepte erschreiben

Sie können sich nicht nur neue Ideen für Produkte und Dienstleistungen erschreiben. Sie können auch Ihr ganzes Marketingkonzept schreibend entwickeln. Sie werden sich jetzt vielleicht fragen: Was soll dabei anders sein als bei meiner bisherigen Herangehensweise? Ganz einfach: Indem Sie in persönlichen Aufzeichnungen oder in einem „Zero draft" über Ihr Marketing nachdenken, kommen Sie auf andere Ideen.

Trojanisches Marketing

Wissen nutzen   Ausgehend von dem vorher erwähnten Ansatz, zuerst das Problem oder den Wunsch des Kunden herauszufinden, sollte man sich bei einem Marketingkonzept auch überlegen, wie man dieses Wissen nutzen kann. Ich empfehle Ihnen nochmals, den Kunden dort abzuholen, wo er steht, und ihn in der Kommunikation entsprechend anzusprechen. Hier kann der Ansatz des Trojanischen Marketings hilfreich sein.

Trojanisches Marketing bedient sich des Überraschungseffekts. Die Autoren Roman Anlanger und Wolfgang A. Engel geben in ihrem Buch „Trojanisches Marketing" ein wunderbares Beispiel. Ein Schuhgeschäft wirbt auf verschiedenen ungewöhnlichen Kanälen für seine schönen und bequemen italienischen Schuhe, zum Beispiel mit einem ein Plakat in einer Kunstausstellung: „Erschöpft vom Museumsbesuch? Schwere Füße? Dann besuchen Sie uns nachher! Wir zeigen Ihnen unsere bequemen Schuhe nach neuester italienischer Mode."

Überraschungs-effekt nutzen

Wenn Sie sich einen solchen Überraschungseffekt sichern wollen, sollten Sie sich überlegen, wie Sie Trojanisches Marketing für sich nutzen können. Das machen Sie am besten, indem Sie sich schreibend folgende Fragen beantworten:

- Was ist das Problem oder der Wunsch des Kunden?
- Wann und wo tritt dieses Problem auf?
- Wo sucht der Kunde nach Lösungen für dieses Problem?
- Kann ich einen dieser Plätze für meine Werbung nutzen?
- Welche Hobbys und Vorlieben haben Kunden mit diesem Problem/Wunsch?
- Wo sind sie daher anzutreffen?

Mut zu verrückten Ideen

Schreiben Sie zu jeder dieser Fragen „Zero drafts" und finden Sie so neue Gelegenheiten, Ihre Kunden anzusprechen. Wenn Ihnen nach den ersten nahe liegenden Ideen nichts mehr einfällt, notieren Sie die Frage „Was habe ich übersehen?" oder „Warum bleibe ich an diesem Punkt stecken?", und schreiben Sie auf, was auch immer Ihnen dann in den Sinn kommt. Es kann sein, dass Ihnen an dieser Stelle Zweifel kommen und Sätze wie „Was soll das bringen?" oder „Das haben sicher auch schon andere probiert" werden vielleicht auftauchen. Solche Zweifel sind ganz normal und üblich, wenn man neue Wege beschreitet. Lassen Sie Ihre Bedenken los, denn Sie schreiben einen „Zero draft" und diesen nur für sich. Sie wollen damit neue Ideen entwickeln, ohne diese gleich zu bewerten oder gar zu verwerfen, weil sie beim ersten Blick vielleicht undurchführbar erscheinen. Um neue Wege zu gehen, brauchen Sie Mut.

Auch Dieter Marteschitz wurde vielen für verrückt erklärt, als er vor mehr als 20 Jahren das Getränk „Red Bull" auf den Markt brachte und dabei ganz andere Wege der Kommunikation einschlug als damals üblich. Er setzte auf Zeichentrickspots, stand in Lokalen und schenkte seinen Energydrink gratis an Meinungsbildner aus. Sie sollten mit dem Produkt gesehen werden und es weitererzählen. Heute taucht „Red Bull" nicht nur in Hollywoodfilmen auf: Letztens habe ich sogar einen Song gehört, in dem „Red Bull" erwähnt wird.

Aktivitäten aufeinander abstimmen

Nehmen Sie sich daran ein Beispiel, öffnen Sie die Schleusen Ihrer Kreativität, indem Sie auf dem Papier darüber nachdenken, welche neuen Wege Sie für Ihr Produkt oder Ihre Dienstleistung im Marketing einschlagen können. Wenn Sie die ersten Ideen im „Zero draft" entwickelt haben, unterstreichen Sie diese und übertragen diese in ein Cluster und machen daraus Ihr Marketingkonzept. Marketing funktioniert dann am besten, wenn alle Aktivitäten perfekt aufeinander abgestimmt sind. Denken Sie nicht in Insellösungen, sondern sehen Sie Ihr Marketing als mehrere ineinandergreifende Zahnräder.

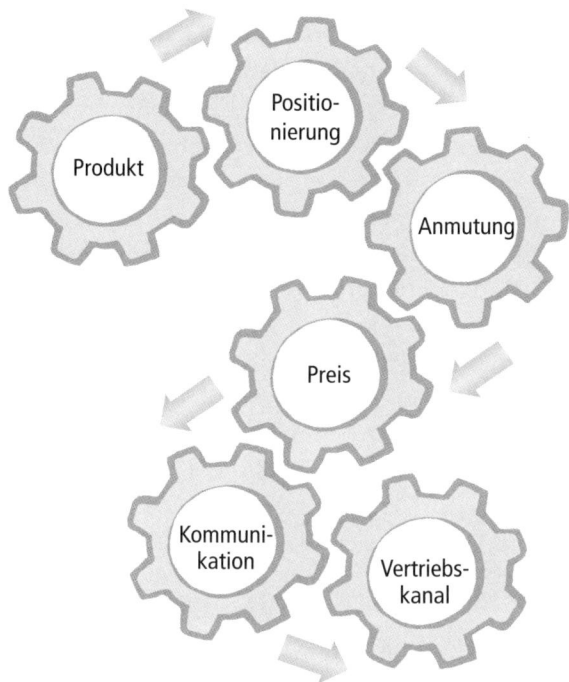

Ihr Marketingkonzept ist das Herzstück Ihres Unternehmens – es bedingt alles Weitere. Das werden zwar nicht alle gerne hören – in meinen Augen als Marketingfrau sehe ich es aber als einzig möglichen Weg, wie Unternehmen in Zukunft überleben können. Die bisher produktionsgesteuerten Unternehmen werden umdenken müssen – denn was hilft die beste Auslastung der Maschinen, wenn das Produkt am Nutzer vorbei produziert wird?

Die Entwicklung eines Marketingkonzepts extern zu vergeben, ist schwierig. Sie können sich Ideen für die Umsetzung von außen holen. Aber die Basis müssen Sie selbst schaffen. Sie müssen die Probleme, Wünsche und Bedürfnisse Ihrer Kunden kennen. Sie müssen Ihr Produkt danach abstimmen, dass es die Probleme löst. Und Sie müssen wissen, wie Sie das

**Produkte
positionieren**

Produkt positionieren wollen, mit allem, was dazugehört. Sie können sich externe Beratung holen, um auch eine Außensicht zu bekommen, aber bitte treffen Sie die Entscheidung, welches Produkt wie gemacht wird, selbst.

Auswahl des Marketers entscheidend

Es ist mir ein Anliegen, das anzusprechen, da ich es als Marketing-Coach immer wieder erlebe, wie Firmen beziehungsweise deren Verantwortliche derartige Entscheidungen auslagern. Die Auswahl des Marketers ist hier meiner Meinung nach entscheidend. Es gibt viele gute Experten, aber auch eine Menge schlechte. Es ist für mich immer wieder erschreckend, wie wenig Unternehmen über ihre Zielgruppe wissen und wie viel Geld in die Entwicklung von Produkten gesteckt wird, die an den Bedürfnissen des Marktes vorbeigehen. Dann wundert man sich, dass das Produkt unverkäuflich ist.

Daher meine Bitte, ja Aufforderung: Machen Sie Ihre Hausaufgaben! Überlegen Sie anhand der Fragen auf Seite 51 die Eckpfeiler Ihres Marketingkonzepts. Je klarer dieser Bereich für Sie ist, desto besser können Sie eine Werbeagentur oder einen externen Berater darin briefen, was genau Sie brauchen. Ihre Ergebnisse werden Ihnen Recht geben.

3. Schreiben für die Zielgruppe

Warum Menschen lesen

Warum lesen wir? Um uns weiterzubilden, um neue Informationen zu bekommen, weil wir es müssen, weil wir neugierig sind, weil wir ein Problem lösen oder klüger werden wollen … Es gibt viele Gründe, weshalb Menschen lesen. Doch all diesen Gründen liegt ein Hauptanliegen zugrunde: Man will etwas davon haben. Von Belletristik einmal abgesehen, die wir auch aus Unterhaltungsgründen lesen, lesen wir einen Text nur, wenn er uns eine Frage beantwortet: *„What's in it for me?"* Wir lesen einen Text also nur dann, wenn „etwas für uns drin ist".

Wir Menschen, ob wir es zugeben wollen oder nicht, sind Egoisten. Wir sind auf unseren eigenen Vorteil bedacht, und das auch beim Lesen. Beobachten Sie sich selbst beim Zeitunglesen. Ich kenne niemanden, der eine Tageszeitung von vorn bis hinten durchliest. Wir wählen aus, welche Artikel wir lesen. Doch nach welchen Kriterien? Danach, ob die Information in dem Artikel nützlich ist, ob sie uns eine Frage, die uns beschäftigt, beantwortet, unsere Neugier stillt oder uns einen Informationsvorsprung sichert. Wir lesen also nur jene Artikel, von denen wir uns einen Nutzen erwarten.

Der Nutzen beim Lesen

Dies zu wissen, ist für jeden Schreiber enorm wichtig! Denn es bedeutet, er muss relevante Information für seine Leserin bieten. Es geht beim Schreiben eben nicht darum, zu zeigen, wie toll man als Autor ist, sondern darum, der Leserin einen Nutzen zu bieten. Weshalb das dem 5. Kapitel dieses Buches „Schreiben für die Marke ICH" nicht widerspricht, verrate ich Ihnen später.

Fragen an ein Buch stellen

Ich habe vor vielen Jahren ein Alpha-Reading-Seminar bei Klaus Marwitz besucht. Er hat mir damals die Augen geöffnet; bis zu diesem Zeitpunkt hatte mein Perfektionismus mich dazu gezwungen, Bücher immer vom Anfang bis zum Ende durchzulesen. Was bei Belletristik sinnvoll ist, gilt jedoch nicht für Sachbücher. Klaus Marwitz hat mir beigebracht, zunächst mit einer Fragestellung an jedes Buch heranzugehen. Welche Informationen brauche ich, um meine Aufgabenstellung zu lösen? Die Frage, die man an ein Buch hat, sollte man sich vorher notieren. Dann kann man rasch anhand des Inhaltsverzeichnisses feststellen, an welchen Stellen im Buch man die Antworten auf die Frage finden wird. Man braucht dann nur gezielt diese Seiten zu lesen und bekommt jene Informationen, die einen bewogen haben, das Buch zu kaufen. Ich muss ein Buch nicht von vorne bis hinten lesen; Sachbücher sind Nachschlagewerke. Ich kann sie immer wieder zur Hand nehmen und mit einer neuen Fragestellung mit dem Buch arbeiten. So entsteht ein Dialog mit dem Buch. Für mich, als gelernte Buchhändlerin, ist es eine schöne Idee, Bücher immer wieder zur Hand zu nehmen.

Nutzen für den Kunden

Doch zurück zum Thema „Warum lesen Menschen?". Das Wissen um dieses Hauptanliegen *„What's in it for me?"* sollten Sie beim Schreiben Ihrer Texte immer im Hinterkopf haben. Was hat mein Kunde davon, meine Werbetexte zu lesen? Welchen Nutzen haben die Texte auf der Website für meine Kunden? Wenn Sie sich unter diesem Aspekt Texte ansehen, werden Sie rasch bemerken: Ein Großteil der Texte beantwortet *„What's in for me?"* nicht. Das sind jene Texte, die nicht für den Kunden, sondern für den Vorgesetzten geschrieben werden. Ich höre das immer wieder von meinen Seminarteilnehmern. Sie finden einen Text nicht gut oder bekommen aufgrund eines Textes viele Rückfragen (immer ein Hinweis, dass der Text unklar ist) und auf die Frage, warum sie den Text nicht anders schreiben, kommt als Antwort: „Der Chef will es so!" Darauf antworte ich dann im Seminar: „Der Köder muss dem Fisch und nicht dem Angler schmecken!" Gerade im Bereich Marketing müssen Texte so geschrieben werden, dass sie dem Kunden nützen. Ob sie dem Chef gefallen, ist dabei zweitrangig. Doch um das zu akzeptieren, benötigt man wieder die komplett andere Sicht auf das Marketing.

Marketing richtet sich an den Kunden. Wir betreiben es, um ihm unser Produkt oder unsere Dienstleistung schmackhaft zu machen. Dem Kunden muss der Köder, sprich unser Werbebrief, gefallen, damit er anbeißt. Leider treffe ich immer wieder Menschen, die durch ihre langjährige Tätigkeit im Unternehmen so betriebsblind geworden sind, dass sie gar nicht merken, dass sie den Köder für den Angler hübsch machen – anstatt für den Fisch. Analysieren Sie mal Ihre diversen Marketingtexte aus Sicht des Kunden unter dem Aspekt *„What's in it for me?"*. Wird diese Frage beantwortet? Eine gute Methode, das herauszufinden, ist, eine externe Person den Text lesen zu lassen. Bitten Sie Ihren Partner oder eine gute Freundin, den Text zu lesen und Ihnen in einem Satz zusammenzufassen, was in dem Text steht. Wenn Sie darauf nach einmaligem Durchlesen keine Antwort bekommen, ist klar: Die Leserin konnte für sich keinen Nutzen aus dem Text ziehen. Denn wenn man sich beim Lesen etwas merkt, dann das: den Vorteil, den man davon hat.

Neue Sicht aufs Marketing

Ziele eines Textes

Mit Marketingtexten verfolgt man ein bestimmtes Ziel. Doch leider ist das den meisten vor dem Schreiben nicht klar. Entsprechend schwammig formuliert sind diese Texte. Überlegen Sie sich, bevor Sie zu schreiben beginnen – egal, ob eine E-Mail, einen Werbebrief oder einen Text für die Website – die Ziele des Textes. Sie wollen Ihre Leserin zu einer Reaktion bewegen – doch zu welcher?

Unklare Texte Lassen Sie es mich anhand eines Beispiels erklären: Sie bekommen eine E-Mail oder einen Brief, lesen ihn durch und wenn Sie fertig sind, haben Sie nur ein großes Fragezeichen im Kopf. Sie wissen nicht, was der Schreiber Ihnen damit sagen will. Das sind jene Texte, in denen das Ziel des Textes nicht klar ist – weder für den Schreiber und noch weniger für die Leserin.

Es gibt zwei Arten von Zielen, die Sie für jeden Text bedenken sollten: das dynamische Ziel und das emotionale Ziel.

Dynamisches Ziel

Vorteile für die Leserin Beim dynamischen Ziel frage ich mich, was ich mit dem Text erreichen will. Ich befasse ich mich mit dem Nutzen, den die Leserin aus dem Text ziehen soll. Es geht also um den vorher erwähnten Vorteil für die Leserin. Meine Seminarteilnehmer sind anfangs immer ganz erstaunt, wenn ich sage: „Informieren alleine ist zu wenig." Unter dem Aspekt des Vorteils wird dieser Ansatz aber klar. Wenn ich zum Beispiel nur die technischen Details eines Produkts aufzähle, informiere ich den Kunden zwar – aber was hat er davon? Ich muss ihm auch mitteilen, was er von diesen technischen Details hat. Was wird durch diese Technik für ihn leichter, schneller, besser, kostengünstiger … Das ist der Vorteil, auf den die Leserin aus ist – und den müssen Sie in Ihrem Text liefern! Im Seminar sage ich: „Schicken Sie Ihren Kunden nicht auf Ostereiersuche." Lassen Sie ihn also nicht zwischen den Zeilen herausfinden, was er für einen Nutzen von Ihrem Produkt hat! Sagen Sie es ihm, klar und deutlich! Das hat nichts damit zu tun, dass Sie Ihre Leserin etwa für dumm halten, sondern einzig und allein damit, dass Sie die Leserin gleich zu Beginn ködern, damit sie den Text überhaupt liest. Wie schon erwähnt – wir lesen einen Text nur, wenn wir uns davon einen Vorteil versprechen. Wenn Sie die Vorteile der Leserin aber wie Ostereier im sonstigen Text verstecken, wird sie den Text nicht lesen. So entstehen teure Mailingaktionen mit geringem Rücklauf, weil man sich vorher nicht überlegt hat, welches Ergebnis man erreichen will und welchen Nutzen der Kunde hat.

Oft wird dem Kunden nicht deutlich gesagt, was er nach dem Lesen des Textes tun soll. Aus Angst, zu marktschreierisch zu sein, wird auf eine klare Aufforderung verzichtet. Wenn ich dem Kunden aber nicht konkret schreibe: „Bestellen Sie!" oder „Rufen Sie an!", wird fast nichts passieren.

Was soll der Kunde tun?

Menschen wollen geführt werden. Sie wollen nicht darüber nachdenken, was sie als Nächstes tun sollen. Machen Sie es Ihrem Kunden leicht, zu verstehen, was Sie von ihm wollen. Zum Beispiel indem Sie dem Mailing ein Rückantwortformular beilegen (siehe Kapitel 4) oder in der E-Mail schreiben: „Bitte schicken Sie mir die Unterlagen bis zum … zurück." Das ist viel klarer als „Könnten Sie bitte so freundlich sein und uns die Unterlagen in den nächsten Tagen zukommen lassen." Bei dieser Formulierung brauchen Sie sich nicht zu wundern, wenn Sie die Unterlagen gar nicht oder zu spät bekommen.

Freundliche
Aufforderung
Also überlegen Sie sich konkret, was Sie von Ihrem Kunden wollen, und fordern Sie ihn dazu auf. Das muss nicht gleich im Kommandoton sein; ein „Bitte" macht aus einem Befehl eine freundliche Aufforderung. Bei meinen Seminarausschreibungen steht am Ende: „Melden Sie sich gleich an und sichern Sie sich Ihren Platz!" – eine klare Aufforderung, was als Nächstes zu tun ist.

Emotionales Ziel

Neben den dynamischen Zielen eines Textes sollten Sie sich auch die emotionalen Ziele überlegen. Damit ist die Stimmung gemeint, die der Text erzeugen soll, und wie sich die Leserin also fühlen soll, wenn sie den Text liest. Leider wird darauf kaum Rücksicht genommen, da viele sich nicht bewusst machen, dass Texte Stimmungen erzeugen.

Wortwahl spielt
eine Rolle
Ich kann nach dem Lesen eines Textes wütend, berührt, erfreut oder gespannt sein. Das hat aber nicht nur etwas mit dem Inhalt des Textes zu tun, sondern auch mit der Wortwahl. Wenn ich eine Lieferung anmahne, kann ich entweder so schreiben, dass die Leserin meine Verärgerung spürt, oder aber so, dass klar wird, dass ich eine konstruktive Lösung suche. Indem Sie sich vorher überlegen, welche Stimmung Sie bei der Leserin auslösen wollen, fällt es Ihnen leichter, entsprechend zu schreiben.

Weil die Stimmung zwischen den Zeilen mitschwingt, ist es wichtig, sich die Gefühle und Stimmungen, die Sie transportieren wollen, vorher zu überlegen.

Ich rate im Seminar davon ab, im Konfliktfall schriftlich zu antworten. E-Mails sind, wenn man sich ärgert, schnell geschrieben und noch schneller verschickt. Selbst wenn man versucht, seinen Ärger unter Kontrolle zu halten, merkt das Gegenüber anhand von zynischen Formulierungen den Ärger. Damit wird der Konflikt meist noch größer. Also greifen Sie entweder zum Telefonhörer und sprechen Sie den Grund des Ärgers an oder lassen Sie ein paar Stunden vergehen, bis die ärgste Wut verraucht ist, um dann sachlich zurückzuschreiben.

In die richtige Stimmung versetzen

Zurück zu den emotionalen Zielen: Am leichtesten schreibt sich ein Text, wenn Sie sich selbst beim Schreiben in die Stimmung versetzen, die Sie vermitteln wollen. Wenn Sie in einem Werbebrief Freude und Energie vermitteln wollen, selbst aber gerade schlecht gelaunt und müde sind, werden Ihnen nicht die passenden Formulierungen aufs Papier fließen. Hier passt ein Spruch, den mir eine Trainerkollegin einmal gesagt hat: „Sei begeistert und du wirst begeistern!"

Wenn Sie vom Produkt oder der Dienstleistung, über die Sie schreiben sollen, selbst nicht überzeugt sind, werden Sie auch nicht die entsprechende positive Stimmung an Ihre Leserin vermitteln können. Überlegen Sie sich daher vor dem Schreiben des Textes: Wie soll sich die Leserin nach dem Lesen fühlen? Und bringen Sie sich in *„good mood"*!

Ziele clustern

Notieren Sie sich ihre dynamischen und emotionalen Ziele, wenn Sie Ihre Cluster zum Text machen. Sie clustern also nicht nur die Inhalte, die im Text vorkommen sollen, sondern überlegen sich schon in dieser Phase die Ziele Ihres Textes. Je klarer diese für Sie schon beim Clustern werden, desto fokussierter sind Sie beim Schreiben des Rohtextes.

Die Leserin abholen

Damit ein Text für die Leserin verständlich und interessant ist, müssen Sie sie dort abholen, wo sie steht. Damit ist gemeint: Was weiß die Leserin über das Thema? Wie viel Vorwissen hat sie? Wo kann ich anfangen?

Die ideale Leserin Das funktioniert dann am besten, wenn Sie sich die „ideale Leserin" vorstellen. Nehmen Sie exemplarisch eine Person heraus, für die Sie den Text schreiben. Das ist viel leichter, als für eine anonyme Masse zu schreiben. Zielgruppen sind zwar in sich meist homogen, aber es wird Ihnen leichter fallen, Ihren Text zu verfassen, wenn Sie eine konkrete Person vor Augen haben, für die Sie schreiben. Ob das eine Person ist, die wirklich existiert und die Sie kennen, oder jemand, den Sie sich vorstellen, ist dabei nicht relevant. Überlegen Sie sich ein paar Anhaltspunkte zu Ihrer idealen Leserin.

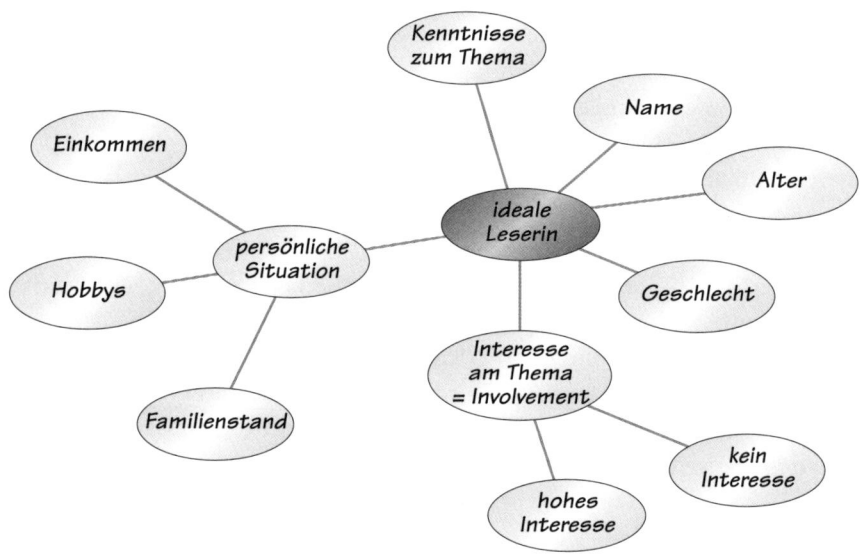

Sie fragen sich vielleicht immer noch, wozu Sie sich die ideale Leserin vorstellen sollen. Lassen Sie es mich anhand eines Beispiels verdeutlichen: Wenn Sie zum Beispiel ein Softwareunternehmen betreiben, ist es ein Unterschied, ob Sie Ihr Mailing an den Einkäufer einer Firma richten oder den IT-Spezialisten. Der Einkäufer hat wahrscheinlich ein geringes Interesse an Software, außer er hat selbst gerade Computerprobleme oder den Auftrag, nach neuer Software zu suchen. Der IT-Spezialist wird Fachausdrücke, die Sie verwenden wollen, eher verstehen, als der Einkäufer. Entsprechend müssen Sie Ihren Text für den Einkäufer anders formulieren als für den IT-Spezialisten.

Für den Empfänger formulieren

Ich gebe Ihnen ein weiteres Beispiel aus der Dienstleistungsbranche: Wenn Sie eine neue Lebensversicherung anbieten, sollten Sie an den Familienvater einen anderen Brief schicken als an die kinderlose Karrierefrau Mitte 40. Die beiden haben andere Lebenssituationen und daher andere Bedürfnisse; sie werden daher auf unterschiedliche Argumente ansprechen.

Jetzt sollte Ihnen klar sein, weshalb es so wichtig ist, sich eine ideale Leserin so genau wie möglich vorzustellen. Der daraus folgende Schluss ist, vor allem, wenn es um Werbebriefe und um eine breit gefächerte Zielgruppe geht: Ich kann nicht einen Werbebrief an alle schicken. Doch dazu mehr im Kapitel 4, im Abschnitt „Mailings und Werbebriefe".

Keine Einheitsbriefe

Übung

Überlegen Sie sich für einen Text, den Sie schreiben wollen, Ihre ideale Leserin. Ist es ein Werbebrief, ein Pressetext oder ein Artikel für die interne Mitarbeiterzeitung? Wer ist Ihre ideale Leserin, was wissen Sie von ihr und was ist für diese Leserin interessant an dem Thema, über das Sie schreiben wollen?

Die Sprache des Kunden

Es außerdem wichtig, die ideale Leserin zu kennen, um die verwendete Sprache an sie anzupassen. Der Einkäufer wird sich dumm fühlen, wenn er einen Werbebrief einer Softwarefirma bekommt, der in IT-Sprache geschrieben ist. Er wird die Fachbegriffe nicht verstehen und den Brief rasch zur Seite legen oder wegwerfen, weil er nicht versteht, worum es in dem Schreiben geht.

Allgemein verständliche Begriffe Ein Fehler, der von Firmen in Broschüren, Produktbeschreibungen und auf der Website oft gemacht wird, ist firmeninterne Begriffe zu verwenden. In einer Wiener Versicherungsanstalt tauchte in einem Schreibseminar in einem Brief das Wort „Ordnungszuschlag" auf. Ich fragte nach, was das sei, und es stellte sich heraus, dass damit eine Mahngebühr gemeint ist. Wenn das also der allgemein bekanntere Begriff ist, verwenden Sie diesen auch in Ihrem Schreiben. Dann kann sich Ihre Leserin etwas darunter vorstellen. Verwenden Sie Wörter aus der Alltagssprache, sie sind leichter zu verstehen als firmeninterne Begriffe.

Man sollte sich mit seinem Schreibstil bei allen Texten an den Schreibstil seiner Zielgruppe anpassen. Es gibt drei Arten von Schreibstilen, die ich Ihnen hier vorstellen möchte:

- konservativer Stil
- kreativer Stil
- kontaktiver Stil

Konservativer Stil

Mit dem konservativen Stil werden Werte wie Sicherheit, Qualität und Garantie vermittelt. Es werden Daten und Fakten genannt, klare Aussagen getroffen. Dieser Stil eignet sich vor allem bei Produkten und Dienstleistungen, die für den Kunden eine hohe Investition bedeuten und es daher darum geht, das Kaufrisiko des Kunden gering zu halten. Dieser Stil muss natürlich sowohl zum Produkt als auch zum Unternehmen und dessen Werten wie auch zur Zielgruppe passen.

Kreativer Stil

Der kreative Stil verwendet viele Bilder und Metaphern, ist dynamisch und verspielt. Er eignet sich vor allem dazu, den „Fun-Faktor" eines Produkts zu kommunizieren und natürlich auch, um Emotionen anzusprechen. Es liegt auf der Hand, dass sich dieser Stil nicht für eine ältere, ernste Zielgruppe eignet oder für Produkte mit hohem Investment.

Kontaktiver Stil

Der kontaktive Stil spricht die Leserin auf der persönlichen Ebene an. Hier geht es darum, Emotionen zu vermitteln, auf einer partnerschaftlichen Ebene zu kommunizieren, Vertrauen aufzubauen.

4. Schreiben im Business

Briefe und E-Mails

Einen Großteil ihres beruflichen Alltags verbringen viele Menschen damit, Briefe und E-Mails zu schreiben und zu beantworten. Vor allem das Verfassen von E-Mails nimmt immer mehr Zeit in Anspruch. Doch leider nicht nur, weil es einfach und schnell geht, eine E-Mail zu schreiben, sondern auch, weil durch unklare Formulierungen Rückfragen entstehen, die wieder per Mail gestellt werden.

Kundenfreundliche Briefe schreiben

Ich habe gemeinsam mit einer Kollegin in einer Versicherungsanstalt Workshops gehalten zum Thema „Kundenfreundliche Briefe schreiben". Dort kam es regelmäßig vor, dass die Telefonanlage zusammenbrach, nachdem eine Aussendung verschickt wurde. Diese Aussendungen gingen an eine große Anzahl von Versicherten und waren so bürokratisch formuliert, dass die Empfänger nicht verstanden, was man von ihnen wollte. Ein großer Teil von ihnen hat dann bei der Versicherung angerufen und nachgefragt – und die Telefonanlage schachmatt gesetzt. Daraus hat man die Schlussfolgerung gezogen, dass es notwendig ist, die Schreiben klarer und verständlicher zu formulieren.

Briefe

Es gibt noch immer viele Fälle, in denen Briefe statt E-Mails geschrieben werden. Anders als bei elektronischen Nachrichten neigen wir jedoch bei Briefen zu bürokratischen Floskeln.

Da tauchen plötzlich verstaubte Formulierungen auf wie „Weitere Informationen entnehmen Sie bitte beiliegendem Faltblatt" oder „Bitte retournieren Sie die unterschriebene Zweitschrift" oder „Bezug nehmend auf Ihre Anfrage vom … erlauben wir uns, Ihnen Folgendes mitzuteilen". Mit dem Vorsatz, freundlich zu klingen, schreiben wir spröde Formulierungen, die so niemals jemand sagen würde. Damit Briefe für den Empfänger verständlich sind und nicht vor bürokratischen Floskeln strotzen, müssen Sie die im Folgenden behandelten Punkte beachten.

Wie bei jedem anderen Text sollten Sie sich auch bei einem Brief ein dynamisches und emotionales Ziel überlegen. Außerdem sollten Sie im Brief die Formulierungen wählen, die Sie auch am Telefon benutzen würden. Wenn Ihnen jemand etwas schicken soll, sagen Sie am Telefon: „Bitte schicken Sie mir eine unterschriebene Kopie der Unterlagen zurück." Das ist klar und verständlich, und so sollten Sie es auch schreiben. Scheuen Sie sich nicht, die Dinge beim Namen zu nennen. Und vor allem scheuen Sie sich nicht, die Dinge einfach zu beschreiben. Nur weil Sie schreiben, müssen Sie die Dinge nicht komplizierter machen, als sie sind.

Ziel des Briefes

Ich erlebe es immer wieder, dass sich Leute darüber ärgern, dass sie Dinge, die sie anfordern, nicht termingerecht bekommen. Mich wundert das nicht. Wenn ich lese: „Bitte schicken Sie mir die Unterlagen schnellstmöglich", habe ich sehr viel Interpretationsspielraum. Dabei entstehen viele Fragen: Bis wann genau sollen die Unterlagen geschickt werden? In welchem Format? Seien Sie daher so konkret wie möglich: „Bitte schicken Sie mir die PowerPoint-Präsentation bis zum 15. April." So weiß der Empfänger genau, was er bis wann tun soll. Und wir sind wieder beim dynamischen Ziel. Lassen Sie den Empfänger nicht raten oder hoffen Sie, dass er zwischen den Zeilen liest. Wenn Sie wollen, dass jemand

Sagen, was man will

etwas aufgrund Ihres Briefes tut, dann schreiben Sie bitte auch konkret, was:

- ■ Bitte schicken Sie …
- ■ Bitte vereinbaren Sie einen Termin …
- ■ Bitte rufen Sie Frau … an …
- ■ Bitte bestätigen Sie …
- ■ Bitte zahlen Sie …

Mit dem kleinen Wort „Bitte" wird aus einem Befehl eine freundliche Aufforderung. Und der Empfänger muss nicht lange überlegen, was er tun soll.

Anrede und Schlusswort Achten Sie bitte auf eine korrekte Anrede des Empfängers. Viele reagieren empfindlich darauf, wenn ihre Namen falsch geschrieben werden. Sie handeln sich damit Missmut ein und die Leserin wird Ihrem Brief gegenüber wenig freundlich gestimmt sein. Briefe an „Herrn Michael Muschitz" werden von mir nicht geöffnet, sofern mir der Absender nicht wichtig erscheint. Das hat etwas mit Respekt und Wertschätzung meiner Person gegenüber zu tun. Wenn sich der Absender nicht die Mühe macht, mich richtig anzusprechen, nehme ich mir nicht die Zeit, den Brief zu lesen.

Wichtige Dinge hervorheben Verstecken Sie die Hauptaussage Ihres Briefes nicht irgendwo zwischen den Zeilen. Heben Sie diese fett hervor oder setzen Sie ein einzelnes Wort mittig in eine Zeile.

Denken Sie außerdem auch beim Verfassen von Briefen an die vier Verständlichmacher – Herrn Einfach, Frau Prägnant, Herrn Strukturiert und Frau Attraktiv. Sie geben viele wertvolle Hinweise, wie Sie Briefe richtig formulieren.

E-Mails

E-Mails sind der Inbegriff der schnellen Kommunikation. Doch was ursprünglich als Segen für den raschen unkomplizierten schriftlichen Austausch galt, hat sich für viele mittlerweile zum Fluch entwickelt. Die Schnelligkeit des Mediums verleitet dazu, alles per E-Mail zu kommunizieren. Und weil es so einfach ist, schicken wir die Info doch gleich an unseren gesamten Verteiler.

Im Umgang mit E-Mails hat sich eine gewisse Nachlässigkeit eingeschlichen. Dabei regelt eine allgemein verbindliche „Netiquette" das Verhalten und den Umgangston im World Wide Web und damit auch in E-Mails. Im Folgenden erläutere ich einige wichtige Netiquette-Regeln, die Sie vor allem im beruflichen Bereich berücksichtigen sollten.

Der Empfänger

An wen richtet sich Ihre E-Mail? Diese Person steht im mit „An" bezeichneten Feld. Wenn Sie Ihre E-Mail an mehrere Personen richten, schreiben Sie im Text genau, wer was machen soll. Denn sonst fühlt sich niemand angesprochen. Wenn Sie jemanden nur über etwas informieren wollen, die Person beispielsweise wissen soll, was Sie beauftragt haben, setzen Sie diese Person in „cc". Erwarten Sie keine Antwort von einer Person, die Sie „cc" gesetzt haben. Denn „cc" bedeutet „nur zur Info" Dieser Unterschied zwischen „An" und „cc" ist vielen nicht klar.

Vorsicht bei „bcc"

Das Feld „bcc" bezeichnet eine *„blind carbon copy"* – die anderen Empfänger sehen nicht, dass die Mail auch an die Person in „bcc" geschickt wurde. Hüten Sie sich vor dieser Funktion! Ich kenne Fälle, in denen jemand, der eine Mail nur in „bcc" bekommen hat, darauf geantwortet hat und damit ein Konflikt entstanden ist. Denn die in „bcc" gesetzte Person sollte offiziell nichts vom Inhalt der Mail wissen, hat sich darüber aber so geärgert, dass sie allen geantwortet und damit den Sender als Plaudertasche bloßgestellt hat. Überlegen Sie also genau, für wen die E-Mail ist, wer damit weiterarbeiten soll (gehört in „An") und wer es nur zur Info bekommen soll (gehört in „cc").

Wer braucht die Info? Da E-Mails so einfach zu verschicken sind, neigen einige dazu, ihre Mails an einen möglichst großen Verteiler zu schicken. Da wird ein Marketingplan nicht nur an die Geschäftsführung und den Vertrieb geschickt, sondern sicherheitshalber auch gleich an Lager, Einkauf, Produktion, Forschungsabteilung und am besten auch gleich an den Portier. Überlegen Sie sich bitte genau, wer den Inhalt Ihrer Mail wirklich braucht: Für wen ist die Information relevant? Ich kenne Mitarbeiter von Telekommunikationsunternehmen, die 500 E-Mails am Tag bekommen. Wer soll das alles lesen und bewältigen? Machen Sie sich und anderen das Leben leicht und schicken Sie Mails nur an jene, die es wirklich betrifft.

Kommunikations- und Fehlerkultur Hinter diesen Mails an möglichst viele stecken aus meiner Sicht zwei Gründe: Einerseits will man sich absichern, um im Notfall sagen zu können „Das haben Sie von mir per Mail bekommen", andererseits hat es mit der Kommunikations- und Fehlerkultur in Unternehmen zu tun. Wie wird kommuniziert und wie eigenständig darf jeder arbeiten? Ich hatte einen leitenden Angestellten im Coaching, der seine Mitarbeiter beauftragt hatte, alle E-Mails, die sie an Lieferanten schreiben, „cc" an ihn zu senden. Sie können sich vorstellen, dass dieser Leiter einer Abteilung mit acht Mitarbeitern jeden Tag eine Menge Mails bekommen hat und sich entsprechend ausgebrannt fühlte.

E-Mails sind wie gesagt als schnelles Kommunikationstool erfunden worden. Entsprechend kurz sollten Mails daher auch gehalten werden. E-Mails, die über mehr als eine DIN-A4-Seite gehen, sind definitiv zu lang. Das passiert meist dann, wenn mehrere Punkte abgeklärt werden sollen. Ich gebe Ihnen den Tipp, pro E-Mail nur ein Thema zu behandeln. Das erleichtert Ihnen und Ihrem Gegenüber das Bearbeiten, und es wird nichts übersehen, was schnell passiert, wenn Sie in einer Mail mehrere Themen anschneiden. Wenn Sie die Mails dann noch mit den entsprechenden Betreffzeilen versehen, finden Sie sie auch später leichter wieder.

Leider hat sich die Unart bei manchen Menschen eingebürgert, in E-Mails alles kleinzuschreiben. Sie mögen damit beim Schreiben vermeintlich schneller sein, was ich zu bezweifeln wage; wenn Sie halbwegs tippen können, sind Sie auch mit Groß- und Kleinschreibung recht flott. Für die Leserin ist die durchgängige Kleinschreibung jedoch fatal. Als Erwachsene lesen wir nicht mehr Buchstabe für Buchstabe, sondern wir nehmen das Wort als Ganzes wahr. Wenn das Wort jedoch anders aussieht, als wir es gewohnt sind, also zum Beispiel kleingeschrieben ist, fällt es uns schwerer, das Wort zu entziffern. Dadurch lesen wir langsamer. Das ist übrigens auch der Grund, warum einem Tippfehler in eigenen Texten nicht auffallen – Sie wissen ja, was Sie geschrieben haben, und lesen das Wort daher so, wie Sie es in Erinnerung haben, und übersehen dabei die verdrehten Buchstaben.

Die durchgängige Großschreibung ist laut Netiquette Gebrüll. Es ist, als würden Sie im Gespräch Ihre Stimme erheben, wenn Sie einzelne Worte oder ganze Sätze GROSS schreiben. Was Sie vielleicht als Hervorhebung meinen, sieht der andere als Unhöflichkeit.

Benutzen Sie zum Hervorheben die üblichen Formatierungen **fett**, *kursiv* oder <u>unterstrichen</u>, aber achten Sie darauf, dass diese in anderen Mailprogrammen eventuell anderes dargestellt werden. Verwenden Sie nur eine Art der Hervorhebung. Wenn Sie einen Satzteil unterstreichen, einen anderen aber fett schreiben, suggerieren Sie unterschiedliche Bedeutungen. Sofern Sie keine Erklärung mitschicken, was wichtiger ist – unterstrichen oder fett –, wird Ihre Leserin darüber eher verwirrt sein.

Abkürzungen
Achten Sie in einer E-Mail wie im Brief darauf, welche Abkürzungen Sie verwenden. Es passiert immer wieder, dass bei externen Personen firmeninterne Abkürzungen verwendet werden, mit denen die außenstehende Person nichts anfangen kann. Ich erinnere mich an eine Situation, die ich bei einem meiner ersten Jobs beim Österreichischen Rundfunk erlebt habe. Ich arbeitete dort in den Sommermonaten als Praktikantin, als ein Redakteur zu mir ins Archiv gestürzt kam mit den Worten: „Ich brauch den OT vom sowieso." Ich hatte keine Ahnung, was er von mir will, und konnte entsprechend auch nicht helfen. Auf meine Nachfrage stellte sich heraus, dass OT „Original-Ton" bedeutet, ein Mitschnitt eines Statements. Also achten Sie darauf, welche Abkürzungen Sie verwenden, und vermeiden Sie die, die ein Kunde oder Lieferant nicht kennen kann.

Firmenintern absprechen
Sie können sich firmenintern allerdings ganz bewusst auf Abkürzungen einigen. So haben sich in einigen Firmen die Abkürzungen „NAN" oder NRE" eingebürgert. Sie werden verwendet, wenn Mails nur zur Info an jemand geschickt werden und man sich kurze Antworten ersparen will. „NAN" steht für *„No answer necessary"* und „NRE" für *„No response expected"*.

Die Internet-Community bedient sich vor allem in Chats der sogenannten Emoticons, um Gefühle auszudrücken. Diese Symbole zeigen kleine Gesichter, die lachen, weinen oder sonstige Emotionen wiedergeben. Diese Emoticons haben ihren Weg aus den Chatrooms in E-Mails und SMS gefunden. **Symbole und Emoticons**

Im privaten Bereich können Sie so viele Emoticons und Symbole verwenden, wie Sie wollen. Doch im beruflichen Bereich haben sie nichts verloren. Da können Sie diese gerade noch mit einer Kollegin, mit der Sie sich gut verstehen, austauschen. Aber in der Korrespondenz mit Kunden oder Lieferanten sind sie fehl am Platz. Sie wirken damit unprofessionell und outen sich als verspielte Natur. Es kann ihnen passieren, dass Sie sich dadurch den Ärger Ihres Gegenübers zuziehen, der für solche Späße nichts übrig hat. Oder Sie werden einfach nicht ernst genommen.

Damit Ihre E-Mail schnell von der Leserin erfasst werden kann, sollten Sie beim Aufbau einige Punkte berücksichtigen. Das A und O jeder Mail ist die Betreffzeile. Sie sollte so konkret wie möglich sein, maximal 60 Zeichen haben und in der Gegenwarts- oder Zukunftsform geschrieben werden. **Betreffzeile**

Ein Beispiel für eine unverständliche Betreffzeile ist: *Einladung*. Da fehlen ganz viele Informationen für die Leserin. Besser ist es zu schreiben: *Einladung Marketing-Meeting 5. 5. 14 Uhr Linz.*

Auch hier gilt wieder – machen Sie es für Ihre Leserin einfach, zu verstehen, was Sie ihr sagen wollen. Viele entscheiden aufgrund der Betreffzeile, ob sie eine Mail gleich oder erst später lesen. Wenn die Betreffzeile aussagekräftig ist, kann der Empfänger schon abschätzen, ob er für die Beantwortung der Mail Unterlagen braucht oder nicht.

Mini-Inhaltsangabe	Wenn ich also lese „Einladung zum Marketing-Meeting", weiß ich, dass es wichtig ist und ich für die Beantwortung meinen Kalender brauche, um sagen zu können, ob ich kommen kann oder nicht. Die Betreffzeile sollte eine Mini-Inhaltsangabe der Mail sein. Wie bereits ausgeführt: Es ist so für den Empfänger leichter zu verstehen, was ihn erwartet, und alle Beteiligten werden auch bei einem späteren Wiederfinden der Mail weniger Probleme haben. Auch deshalb sollten Sie nur einen Sachverhalt pro Mail schreiben und diesen mit der passenden Betreffzeile versehen.
	Zusätzlich können Sie sich für Ihre Mails eine Art Kategorisierung überlegen. Damit schaffen Sie sich und Ihren Lesern eine Übersicht, zum Beispiel *Info: Verkaufszahlen Mai* oder *Besorgen: Kopierpapier* oder *Buchen: Flug nach Hamburg*.
Anreden und Gruß	Auch wenn E-Mails schnelle Kommunikation bedeuten, sollten Sie auf Anrede und Grußformel nicht verzichten. Es ist ein Akt der Höflichkeit, die Leserin mit einem „Liebe Frau ..." oder mit einem „Guten Tag Frau ..." anzusprechen, genauso mit einem „Freundliche Grüße sendet ..." zu verabschieden.
Klare Inhalte	Beim Inhalt der Mail lautet die Devise: knapp und knackig. Schreiben Sie so kurz und prägnant wie möglich, worum es geht. Keine ausschweifende lange Erklärung – kommen Sie auf den Punkt. In einer Mail sollten die Sätze nicht länger als 15 Wörter sein – das Lesen am Bildschirm fällt uns schwerer als auf dem Papier und daher neigen wir am Monitor noch mehr dazu, die Texte nur zu überfliegen.
	Damit Ihre wichtigsten Inhalte klar ankommen, sollten Sie konkret schreiben:

- Worum geht es?
- Was ist zu tun?
- Wie?
- Wer?
- Bis wann?

Geben Sie bei Zeitangaben bitte das konkrete Datum an, nicht „innerhalb von zehn Tagen", sondern „bis zum ...". Sonst muss Ihre Leserin erst ausrechnen, bis wann Sie eine Antwort haben wollen. Und es bleibt Interpretationsspielraum: zehn Tage oder zehn Arbeitstage?

Klare Formulierungen

Je klarer Sie sagen, was Sie haben wollen und bis wann, desto höher ist die Wahrscheinlichkeit, dass Sie es auch bekommen. Unklare Formulierungen lassen Interpretationsspielraum zu oder es entstehen unnötige Rückfragen. Dies kostet Sie und den Empfänger unnötig Zeit, und es bedeutet eine weitere zu bearbeitende Mail in Ihrem Posteingang oder einen weiteren Anruf. Also helfen Sie mit, die Mailflut – Ihre und die Ihrer Umgebung – zu bannen, indem Sie kurze und klare Mails mit aussagekräftigen Betreffzeilen schreiben.

Präsentationsmappen

Präsentationsmappen sind das ideale Tool für Ein-Personen-Unternehmen, Freiberufler aber auch Klein- und Mittelbetriebe, um sich bei potenziellen Kunden vorzustellen. Die Präsentationsmappe sollte mehr Informationen als Ihre Website enthalten und Ihr Unternehmen, Ihre Werte, Produkte und Dienstleistungen vorstellen.

Der erste Kundentermin Ich möchte Ihnen im folgenden Abschnitt zeigen, was alles in einer Präsentationsmappe stehen sollte und wie Sie am besten die Texte dafür schreiben. Ziel der Mappe ist es, Sie beim ersten persönlichen Kundentermin – nachdem es vorher bereits einen telefonischen oder schriftlichen Kontakt gab – genauer vorzustellen. Ich empfehle Ihnen diese Mappe aus mehreren Gründen:

- Sie können die Mappe individuell für jeden Kunden zusammenstellen – Sie drucken nur jene Blätter, die relevant sind.
- Sie können die zum Beispiel in gängigen Schreibprogrammen vorhandenen vielfältigen Gestaltungsmöglichkeiten nutzen.
- Wenn Sie die Mappe selbst erstellen und ausdrucken, brauchen Sie nur so viele Exemplare zu produzieren, wie Sie gerade benötigen.
- Die Mappe ist immer aktuell: Änderungen sind schnell und günstig möglich. Ein neues Produkt ist einfach einzufügen, eine neue Telefonnummer auszutauschen.

Gerade für Einzelunternehmen, aber auch Klein- und Mittelbetriebe ist eine Präsentationsmappe eine intelligente Lösung und viel sinnvoller, als in teure Hochglanzbroschüren zu investieren, die rasch veraltet sind.

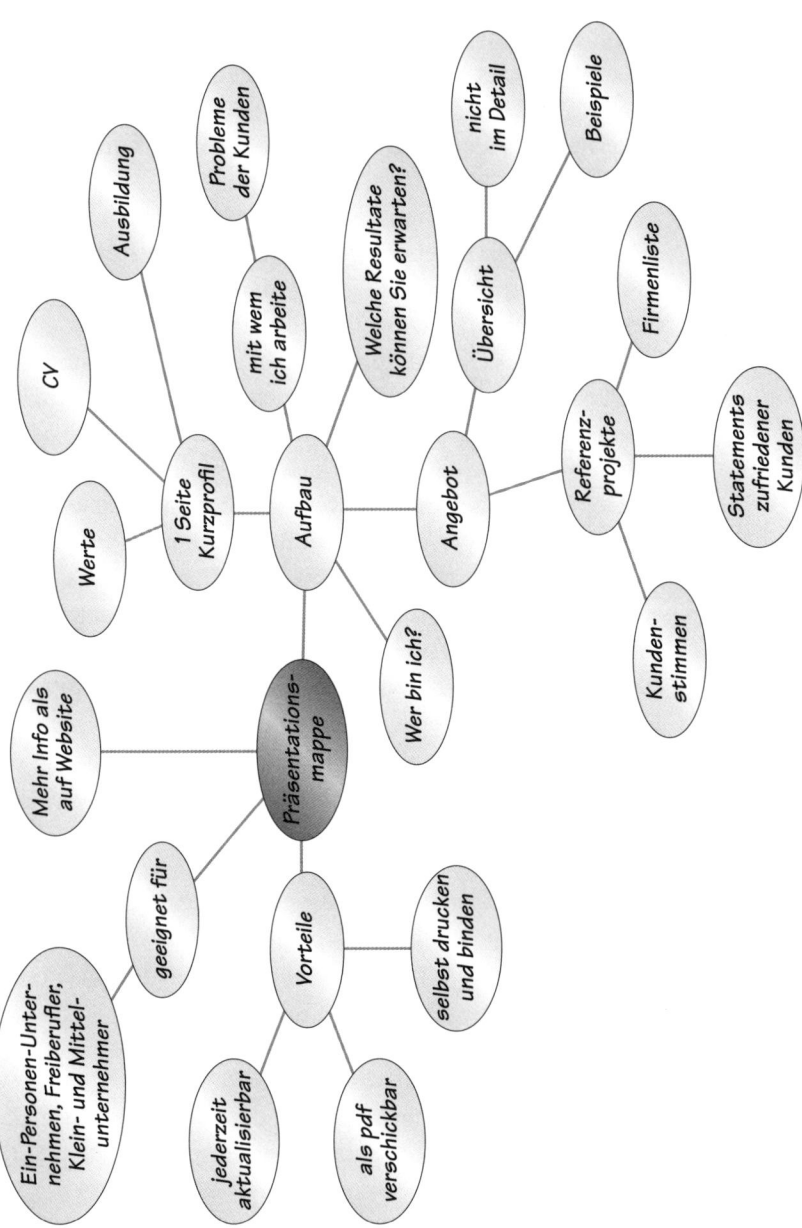

Präsentationsmappe

- Mehr Info als auf Website
- Aufbau
  - 1 Seite Kurzprofil
    - Werte
    - CV
    - Ausbildung
    - mit wem ich arbeite
  - Welche Resultate können Sie erwarten?
    - Probleme der Kunden
  - Angebot
    - Übersicht
      - nicht im Detail
      - Beispiele
    - Referenz-projekte
      - Firmenliste
      - Statements zufriedener Kunden
      - Kunden-stimmen
  - Wer bin ich?
- geeignet für
  - Ein-Personen-Unter-nehmen, Freiberufler, Klein- und Mittel-unternehmer
- Vorteile
  - selbst drucken und binden
  - als pdf verschickbar
  - Jederzeit aktualisierbar

Das Ziel einer Präsentationsmappe ist es, Ihrem Kunden ein umfassendes Bild von Ihrem Unternehmen und Ihrem Angebot zu geben. Die im Folgenden geschilderten Inhalte sollten in Ihrer Präsentationsmappe enthalten sein.

Mit wem Sie arbeiten Beschreiben Sie, mit wem Sie zusammenarbeiten. Wer sind die Nutzer Ihres Angebots, Ihrer Produkte oder Ihrer Dienstleistung? Dieser Punkt ist wichtig, damit sich Ihr Kunde mit Ihnen identifizieren kann. Er will sicher sein, dass Sie sich in seiner Branche auskennen, Sie ein kompetenter Gesprächspartner für ihn sind. Ein Hersteller von Landwirtschaftsmaschinen arbeitet zum Beispiel mit Landwirten zusammen. Er verkauft keine Rasenmäher an Familienväter. Das bedeutet, als Landwirt weiß ich, dass dieser Hersteller mit Menschen wie mir zusammenarbeitet und er daher meine Probleme und Bedürfnisse kennen wird. Genauso ist ein Installationsunternehmen, das nur auf Baustellen Installationen vornimmt, nicht unbedingt für einen Endverbraucher, der einen Wasserrohrbruch hat, der ideale Ansprechpartner.

Sie bauen das Vertrauen des Kunden in Ihre Kompetenz auf, wenn Sie klarmachen, für wen Sie arbeiten.

Probleme des Kunden Beschreiben Sie in Ihrer Präsentationsmappe einige der häufigsten Probleme Ihrer Kunden, für die Sie eine Lösung haben. Um beim Beispiel des Landmaschinenherstellers zu bleiben:

- steile Hänge, die zu bewirtschaften sind
- viele unterschiedliche Arbeiten, die anfallen und für die jeweils eigene Geräte benötigt werden

In meiner Präsentationsmappe finden Sie an dieser Stelle Folgendes:

Treffen einige der folgenden Aussagen auf Sie oder Ihre MitarbeiterInnen zu?

- *Ich muss beruflich viel schreiben, schiebe es aber immer wieder vor mir her, bis der Abgabetermin vor der Tür steht. Es fällt mir schwer, einen Anfang zu finden, und oft weiß ich nicht, wie ich den Text strukturieren soll. Schreiben ist eine einzige Qual für mich.*
- *Ich soll für unsere Firmenzeitung einen Artikel schreiben, weiß aber nicht, was die Leute interessiert und wie ich den Text spannend gestalten kann.*

Dieser Teil ist wichtig, damit der Kunde sieht: Die verstehen mich, die kennen mein Problem. Der Kunde fühlt sich wahrgenommen und will mehr über Sie und Ihr Angebot wissen. Sie filtern damit die Kunden, die zu Ihrem Angebot passen, heraus.

Sie sollten hier auch anführen, welche Voraussetzungen Ihre Kunden erfüllen müssen, um mit Ihnen zusammenzuarbeiten. Nicht jeder Kunde ist für jedes Unternehmen der Richtige. Sie beschreiben an dieser Stelle, was der Kunde mitbringen muss, damit die Zusammenarbeit gut funktioniert. Dies ist vor allem im Dienstleistungsbereich wichtig.

Voraussetzungen für die Zusammenarbeit

In meiner Präsentationsmappe finden Sie an dieser Stelle Folgendes:

Klienten werden erfolgreich mit mir zusammenarbeiten, wenn sie ...
- *bereit sind, sich zu verändern.*
- *bereit sind, sich von alten Gedankenmustern zu verabschieden und Neues auszuprobieren.*
- *bereit sind, ihr Bestes zu geben und über sich hinauszuwachsen.*

- *bereit sind, ungewöhnliche Wege einzuschlagen, um ihr Ziel zu erreichen.*
- *bereit sind, für ihren Erfolg zu arbeiten, und sich nicht von Schwierigkeiten entmutigen lassen.*

Vorteile für den Kunden Nachdem Sie nun die Probleme des Kunden angesprochen haben, zeigen Sie, welche Lösungen Sie dem Kunden anbieten können. Doch bevor Sie das tun, geben Sie ihm einen Ausblick darauf, wie die Zusammenarbeit mit Ihnen aussehen wird. Vergessen Sie nicht: Wir Menschen sind auf unseren eigenen Vorteil bedacht. Der Kunde will wissen, was er von Ihnen bekommen kann. Das bedeutet, bevor Sie jetzt im Detail Ihre Produkte und Dienstleistungen beschreiben, zeigen Sie ihm, welche Resultate er haben kann, wenn er mit Ihnen zusammenarbeitet. Das heißt, Sie zeigen ihm die Lösung für seine Probleme.

Sie produzieren damit beim Kunden den Wunsch, etwas haben zu wollen. Er will die Lösung haben, die Sie ihm aufzeigen. Der Weg zu dieser Lösung ist Ihr Angebot, Ihr Produkt oder Ihre Dienstleistung. Also überlegen Sie genau, welche Lösungen und Resultate Sie dem Kunden anbieten können. Meist ist es das Gegenteil vom Problem.

Sie merken schon: Das ist ein anderer Weg, als einfach nur Produkteigenschaften aufzulisten. Es gilt, diese Produkteigenschaften für den Kunden in Resultate zu übersetzen. Sie sollten sich dazu eine Art Wörterbuch anlegen:

Produkteigenschaft	Nutzen für die Kunden
Vier-Rad-Antrieb	Arbeit in jedem Gelände möglich
Schreibmethode „Freewriting"	Möglichkeit, rasch große Mengen Text zu produzieren
...	...

In meiner Präsentationsmappe habe ich das so gelöst:

Welche Resultate können Sie erwarten, wenn Sie mit Lighthouse Coaching & Communication arbeiten?
- *Sie werden mit wenig Zeitaufwand gute Texte verfassen, die gerne gelesen werden.*
- *Sie werden in Meetings klare Statements abgeben und sich bei Netzwerktreffen so präsentieren, dass Sie im Gedächtnis bleiben.*
- *Wenn Sie mit Lighthouse Coaching & Communication arbeiten, werden Sie Schreiben als Kreativitätsmotor für sich entdecken. Das Verfassen von E-Mails, Angeboten und Werbebriefen wird für Sie keinerlei Anstrengung mehr bedeuten.*

Nachdem Sie dem Kunden nun Appetit auf die Resultate gemacht haben, zeigen Sie ihm den Weg dahin: Ihr Angebot. Es ist sinnvoll, dem Kunden zuerst einen groben Überblick zu geben, also ein sogenanntes *big picture,* und erst dann die unterschiedlichen Varianten Ihres Angebotes im Detail vorzustellen. Fassen Sie Ihr Angebot im *big picture* auf einer Seite zusammen. **Ihr Angebot im Überblick**

Hier wieder das Beispiel aus meiner Präsentationsmappe:

Warum ist Schreiben so zeitraubend und mühsam?

Wenn es um das Schreiben von Websites, Broschüren oder Pressetexten geht, stoßen viele an ihre Grenzen. Sie sitzen stundenlang vor dem Computer auf der Suche nach dem ersten Satz oder der richtigen Formulierung. Jeder Selbstständige und Unternehmer weiß, dass er potenzielle Kunden durch Website und Folder auf sich aufmerksam machen kann. Doch nicht einmal in den Marketingausbildungen wird verraten, WAS gute Texte ausmacht und WIE sie entstehen. Wie sollen es dann Dienstleister und Unternehmer wissen? So hält sich der Mythos, dass man zum Schreiben Talent braucht und großes Glück, um zu erraten, was potenzielle Kunden anspricht.

Es ist leicht, es richtig zu machen

Die gute Nachricht ist: Schreiben ist erlernbar. Es gibt einfache Methoden, die das Schreiben beruflicher Texte erleichtern. Im deutschsprachigen Raum sind diese jedoch kaum bekannt. Mit den richtigen Schreib-Tools kann jeder Texte produzieren, die auf den Punkt kommen und Aufmerksamkeit bei potenziellen Kunden erregen.

Wenn es so einfach ist, warum tut es dann keiner?

Dem Schreiben beruflicher Texte wird erst langsam mehr Bedeutung zugemessen. Angesicht der Menge an Texten, die wir beruflich schreiben müssen, wird immer deutlicher, dass wir mit dem, was wir in der Schule übers Schreiben gelernt haben, nicht auskommen. Der Wunsch nach knackigeren Texten, die in kürzerer Zeit geschrieben werden, wird immer größer.

Klare Texte – mehr Kunden

Damit Ihre Texte beim Kunden ankommen, brauchen Sie jedoch nicht nur Schreib-Tools. Sie müssen auch die Spielregeln des Marketings verstehen. *Wer diese einfachen Spielregeln beherrscht und anwendet, kann neue Kunden gewinnen ohne unangenehme Kaltakquise.*

Schreib-Tools und Marketing-Spielregeln

Mit Marketing-Coaching und Schreibtrainings unterstütze ich Dienstleister wie Steuerberater und Trainer, aber auch Unternehmen wie zum Beispiel Softwarefirmen. Sie lernen, die Marketing-Spielregeln zu verstehen und erfolgreich für Ihr Unternehmen zu nutzen. Ich unterstütze sie dabei, einen einfach umzusetzenden Marketingplan zu erarbeiten, der auch in einem vollen Terminkalender Platz findet und kein sechsstelliges Marketingbudget verschlingt. Besuchen Sie meine Website und laden Sie sich den kostenlosen Artikel „Klar-Text schreiben im Business" herunter. Darin finden Sie Tipps, wie Sie schneller und effizienter schreiben können. Sie bekommen den Artikel in Kombination mit meinem Communications-Newsletter, in dem Sie monatlich Anregungen für Ihr Marketing und gute Texte bekommen. www.lighthouse-coaching.at

Danach beschreiben Sie auf je einer Seite das Angebot im Detail. Wenn Sie Anschauungsmaterial haben, stellen Sie es bitte dazu. Das können Fotos von den Ergebnissen sein, also zum Beispiel ein fertig gestalteter Garten oder ein Produktfoto. Unternehmen, die keine Standardprodukte verkaufen, sondern ihr Angebot individuell auf den Kunden abstimmen, können an dieser Stelle einige Referenzprojekte anführen. Das erhöht Ihre Glaubwürdigkeit, beweist Ihre Kompetenz und zeigt, welche Wege Sie für Ihre Kunden schon beschritten haben.

Ergebnisse zeigen in Form von Fotos

Ein geradezu magisches Mittel, um ihre Glaubwürdigkeit zu unterstreichen, sind Statements von zufriedenen Kunden. Ich war selbst erstaunt, wie sich die Zahl der Anfragen bei mir erhöht hat, als ich Statements von Seminarteilnehmern auf meine Website gestellt habe. Holen Sie sich daher nach jedem Projektabschluss von Ihren Kunden Feedback ab und fügen Sie es in die Präsentationsmappe ein. Eine genauere Anleitung, was in solchen Statements stehen sollte, finden Sie am Ende dieses Kapitels.

Wer bin ich? Ein-Personen-Unternehmen sollten unter dem Stichwort „Wer bin ich?" ein detailliertes Profil zeigen. Verraten Sie Ihre Motivation für diesen Beruf und was Ihnen daran Spaß macht. Was Sie lieben und wie Sie zu diesem Unternehmen gekommen sind. Im Lebenslauf sollten jene Jobs angeführt werden, die Ihre Kompetenz für Ihre heutige Tätigkeit unterstreichen. Wichtig sind auch Ihre Ausbildungen, die belegen, dass Sie wissen, wovon Sie reden.

Texte für die Mappe Wenn es ans Texten für die Präsentationsmappe geht, muss ich Sie vorwarnen: Sie werden die Mappe nicht an einem Tag erstellen können. Ich habe an meiner mehrere Tage gearbeitet und überarbeite sie immer wieder aufs Neue. Ich rate Ihnen – machen Sie zu jedem der hier angeführten Teile ein Cluster und schreiben Sie einen Rohtext. Schreiben Sie ruhig viel mehr, als dann tatsächlich in der Mappe stehen wird. Gute Texte entstehen durchs Verdichten. Machen Sie aus jedem Teil ein kleines Schreibprojekt, fügen Sie es dann zusammen, überarbeiten Sie es nochmals im Gesamtkontext. Sie werden vielleicht zu Beginn keine Kundenstimmen haben. Beginnen Sie diese zu sammeln und Stück für Stück in die Mappe einzufügen. Sie müssen vielleicht auch erst die passenden Fotos suchen. Insgesamt ist das sorgfältige Erstellen einer Präsentationsmappe ein Prozess, der sich am Ende lohnt.

Auch hier bei der Präsentationsmappe gilt: Der Schreibstil muss zu Ihrer Zielgruppe, Ihrem Unternehmen und Ihrem Angebot passen. Wenn Sie wie ich Beratung anbieten, ist der kontaktive Stil sicher der passende. Wenn Ihre Zielgruppe Techniker sind und Sie technische Produkte anbieten, ist der konservative Stil mit Zahlen, Daten und Fakten der richtige.

Schreibstil muss passen

Die Präsentationsmappe soll ein umfassendes Bild von Ihrem Unternehmen zeichnen. Und sie soll Sie sympathisch machen – also kann eine Mischung beider Stile mit einer guten Portion kontaktivem Stil nicht schaden. Auch bei der Präsentationsmappe gilt wie bei allen anderen Marketingtexten: Der potenzielle Kunde liest unter dem Aspekt *„What's in it for me?"*, und diese Frage müssen Sie beantworten. Indem Sie zeigen, dass Sie der richtige Auftragnehmer für den Kunden sind, weil Sie sich in der Branche auskennen, das Problem des Kunden verstehen und so weiter. Indem Sie zeigen, was Sie für den Kunden tun können, was Sie auszeichnet und wie der Kunde davon profitiert, unterscheiden Sie sich von Mitbewerbern. Denn leider beschreiben die meisten in ihren Unterlagen die Prozesse und Vorgehensweisen, aber nicht das Ergebnis. Der Kunden kauft aber nicht den Prozess, sondern die Lösung. Also sprechen Sie mehr über die Lösung und weniger über den Prozess.

Wie sehen die konkreten Schritte der Zusammenarbeit zwischen Ihnen und Ihrem Kunden aus? Wenn Sie das beschreiben, kann sich der Kunde etwas Konkretes vorstellen und für sich entscheiden, ob er diese Art der Zusammenarbeit will oder nicht. Mit der Beschreibung der konkreten Schritte kann sich der Kunde darauf gefasst machen, was auf ihn zukommt.

Kunden kaufen Lösungen

Vor allem im Dienstleistungsbereich sollten Sie sich überlegen, wie Sie dem Kunden eine kostenlose Kostprobe Ihrer
Arbeit geben können. So kann der Kunde testen, ob ihm die
angebotene Art der Zusammenarbeit liegt oder nicht – ohne
ein Risiko einzugehen oder Geld zu verlieren.

Referenzprojekte anführen Führen Sie in Ihrer Präsentationsmappe unbedingt auch
Referenzprojekte an. Beschreiben Sie dabei kurz, mit welchen
Kunden Sie bereits gearbeitet haben, was Ihre Aufgabe war,
wie Sie das anstehende Problem gelöst haben und welches
Ergebnis daraus entstanden ist. Natürlich sollten Sie vorher
mit dem jeweiligen Kunden abklären, ob Sie ihn als Referenz
nennen dürfen, und ihm auch den Text, den Sie über ihn
schreiben, zur Freigabe schicken.

In meiner Präsentationsmappe sieht das so aus:

E-Mails auf den Punkt gebracht
Eintägige Workshops für die Logistikabteilung von Metro Cash
& Carry Vösendorf. Die Mitarbeiter lernten, E-Mails kürzer
und prägnanter zu formulieren und auch bei schwierigen Sach-
verhalten freundlich aber klar zu schreiben.

Karl Gigerl, Leiter der Abteilung Logistik von Metro Cash &
Carry, meinte nach Abschluss der Seminare: „In den Workshops
mit Frau Muschitz haben meine Mitarbeiter und ich gelernt,
unsere E-Mails strukturierter zu formulieren. Hilfreich war der
Input, dass in jeder Mail die Kernfragen (Wer? Was?, Wann?,
Wie? …) beantwortet werden sollten. Besonders profitiert habe
ich vom persönlichen Coaching am Ende des Seminars. Durch
das Feedback habe ich konkrete Umsetzungstipps zu meinem
Brief bekommen.“

Klare Texte schreiben im Marketing
Sechsteilige Workshop-Reihe an der Wirtschaftsuniversität Wien für Absolventen des Lehrgangs für Werbung und Verkauf. Ziel der Workshopreihe, die erstmals im Herbst 2008 startete, ist es, Marketingfachleuten den Zugang zum Schreiben zu erleichtern und sie in den Besonderheiten von Marketingtexten (Pressetexte, Websitetexte, Packungstexte und Mailings) zu schulen.

Korrespondenzfähigkeit für Assistentinnen
Offenes Seminar für Dashöfer Verlag, sechs Termine pro Jahr. In diesem Seminar lernen Assistentinnen und Office-Managerinnen einen modernen Korrespondenzstil abseits von bürokratischen Floskeln. Darüber hinaus bekommen sie Tipps, wie sie in Konfliktfällen den richtigen Ton im Schreiben treffen.

Natürlich können Sie auch eine einseitige Langfassung der Referenzen schreiben, in der Sie genauer beschreiben, wie die Zusammenarbeit mit dem Kunden ausgesehen hat. Am besten enden Sie auch hier mit einem Statement des Kunden.

Am Ende ein Statement des Kunden

Und nun noch einmal zusammengefasst die Punkte, die bei der Beschreibung eines Referenzprojekts vorkommen sollen:

- Für wen/welche Firma/welche Abteilung war das Projekt?
- Was war die Ausgangssituation/das Problem?
- Wie haben Sie das Problem gelöst? Was haben Sie konkret getan?
- Welches Ergebnis ist dadurch entstanden? (Wenn möglich untermauern Sie das Ergebnis mit Zahlen: wie viel Prozent Umsatzsteigerung?)
- Wie war die Zusammenarbeit für den Kunden? Was hat er besonders geschätzt? (Statement des Kunden)

Mit der Beschreibung von Referenzprojekten zeigen Sie Ihre Kompetenz und steigern Ihre Glaubwürdigkeit. Potenzielle Kunden können sich in solchen Beschreibungen wiederfinden und damit identifizieren.

Kundenstimmen sind besonders wichtig Ganz besonders wichtig bei der Beschreibung von Referenzprojekten sind die Kundenstimmen. Diese fallen einem jedoch nicht einfach so zu. Man muss sie erarbeiten und sich aktiv darum bemühen. Gerade für Firmengründer ist es zu Beginn der Selbstständigkeit schwer, aber auch besonders wichtig, Kundenstimmen zu bekommen. Bitten Sie zufriedene Kunden nach Abschluss des Projekts aktiv um ein Statement. Sagen Sie auch gleich dazu, wofür Sie es verwenden wollen. Diese Statements sollten aus ein paar Sätzen bestehen und Folgendes beinhalten:

- Wie war die Zusammenarbeit für den Kunden?
- Was hat er besonders daran geschätzt?
- Was ist für ihn durch die Zusammenarbeit leichter/besser/effizienter/kostengünstiger geworden?

Statements für Websites oder Präsentationsmappen Ich gebe zu, mir ist es am Anfang auch schwergefallen, meine Kunden darum zu bitten. Aber als ich mich dazu überwunden hatte, war ich erstaunt, wie bereitwillig Kunden mir diese Statements gegeben haben. Ich verwende sie sowohl in meiner Präsentationsmappe als auch auf meiner Website.

Es gibt mehrere Wege diese Kundenstatements zu bekommen:

- Sie bitten den Kunden, Ihnen ein paar Zeilen zu schreiben. Vereinbaren Sie, dass Sie es notfalls kürzen, wenn es zu lang ist, und schicken Sie die gekürzte Fassung zur Freigabe.

- Sie interviewen den Kunden, verfassen das Statement und schicken es zur Freigabe.
- Sie lassen den Kunden von jemand anderem interviewen, der für Sie das Statement verfasst. Diese Version empfiehlt sich für jene, die Scheu haben, den Kunden selbst zu befragen, und gleichzeitig auch noch eine Kundenzufriedenheitsbefragung durchführen wollen.

Klären Sie bitte mit dem Kunden, wie Sie ihn bezeichnen sollen. Ob Sie seinen ganzen Namen nennen dürfen, welche Funktionsbezeichnung Sie anführen sollen und so weiter. Ich hatte einen jungen Rechtsanwalt im Coaching, der bereit war, ein Statement abzugeben, aber namentlich nicht genannt werden wollte, da er nicht wollte, dass seine Chefin oder seine Kollegen zufällig herausfinden, dass er sich mit dem Coaching Hilfe in seiner aktuellen beruflichen Situation geholt hat. Natürlich habe ich diesen Wunsch aus Respekt dem Kunden gegenüber berücksichtigt und nur seine Initialen verwendet.

Auch anonyme Nennung möglich

Was mich zu einem weiteren wichtigen Punkt bringt: Fälschen Sie keine Kundenstimmen! Nichts schadet Ihrer Glaubwürdigkeit mehr als erfundene Statements. Schreiben Sie nur echte Kundenstimmen in Ihre Präsentationsmappe und diese bitte nur mit ausdrücklicher Zustimmung des Kunden. Sie ruinieren sich sonst Ihren Ruf – Ihre Glaubwürdigkeit ist ein wichtiges Kapital. Wenn Sie aktuell noch keine Kundenstimmen haben, dann fangen Sie jetzt an, welche zu sammeln. Sie können die Präsentationsmappe ja jederzeit erweitern und die gewonnenen Statements von zufriedenen Kunden ergänzen.

Glaubwürdigkeit behalten

Firmenpräsentationen und Imagebroschüren

Jedes größere Unternehmen hat sie – die Imagebroschüre möglichst in Hochglanz und auf dickem Papier, aufwendig gestaltet. Sie soll das Unternehmen ins beste Licht rücken. Grafiker und Art-Direktoren vollbringen Meisterleistungen bei der Gestaltung dieser Werke und die Druckereien zeigen, was sie können. Und dann stapeln sich die Kartons mit den teuren Imagebroschüren im Keller und verstauben, weil eigentlich keiner etwas damit anfangen kann – die Belegschaft nicht, weil für sie das in der Broschüre dargestellte Unternehmen nichts mit ihrer täglichen Realität zu tun hat, und die Kunden nicht, weil für sie in der Broschüre nichts Interessantes steht.

Die richtigen Inhalte Will man also sein Geld nicht verschwenden, sondern sinnvoll einsetzen, muss man genau auf die richtigen Inhalte bei den Materialien zur Firmenpräsentation achten. Firmenfolder und Imagebroschüren sollen das Unternehmen nach außen präsentieren. Sie sollen potenziellen Kunden einen Einblick über Vision und Werte des Unternehmens geben, über dessen Größe und dessen Angebote. Der Kunde will nicht nur sicher sein, die beste Leistung für sein Geld zu bekommen, er achtet auch zunehmend darauf, ob das Image des Geschäftspartners mit dem eigenen verträglich ist. Daher wird auch immer wichtiger, welche Werte ein Unternehmen vertritt und wie die *social responsibility*, also die Verantwortung des Unternehmens gegenüber den Mitarbeitern, der Gesellschaft und der Umwelt, wahrgenommen wird.

Im Folgenden schildere ich Ihnen, welche Details eine Imagebroschüre enthalten sollte.

Eine Geschichte erzählen In der Imagebroschüre können Sie die Geschichte Ihres Unternehmens und seine Entwicklung darstellen. Statt hier

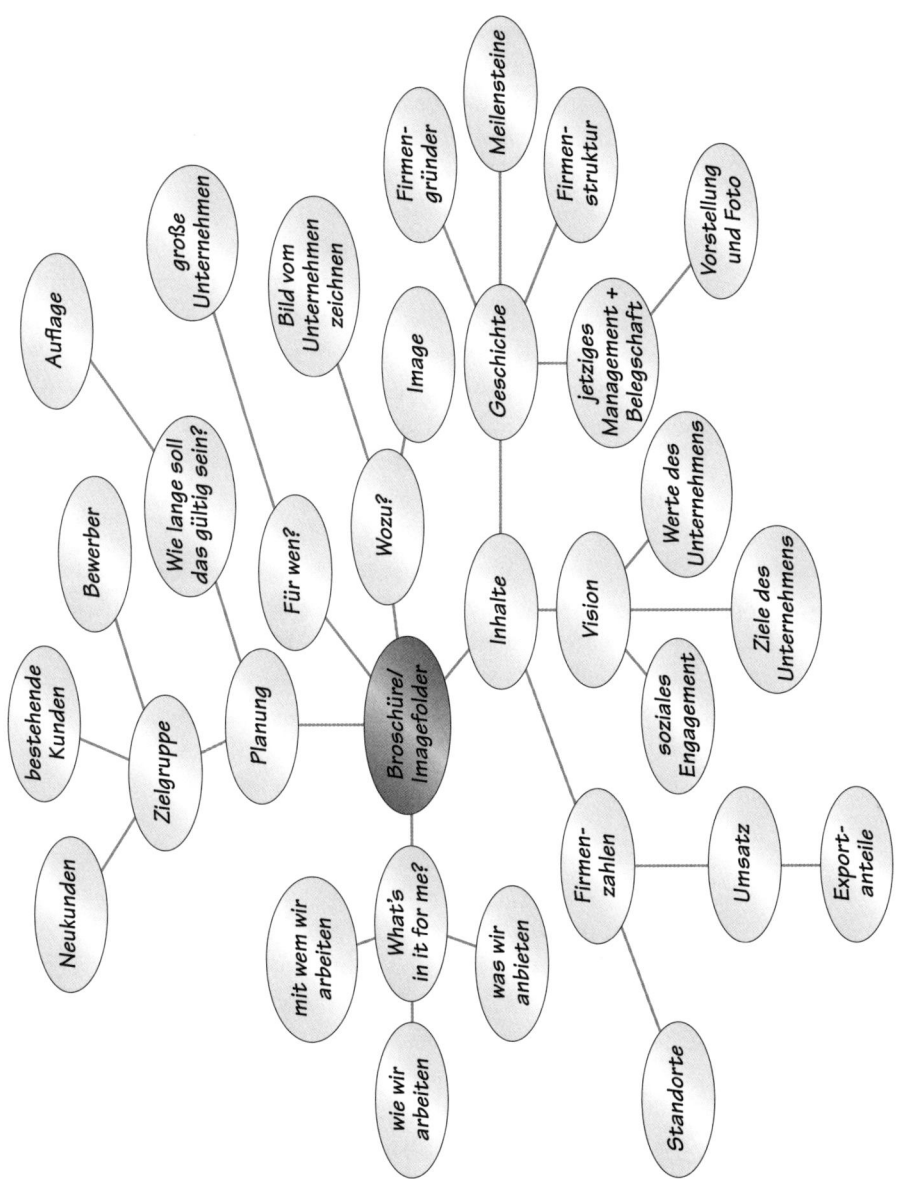

nur die trockenen Fakten zu nennen, können Sie die Gelegenheit nutzen, wirklich eine Geschichte zu erzählen. Zu Beginn jeder Firmengründung gibt es einen oder mehrere Gründer, die eine Idee hatten. Erzählen Sie die Geschichte von der Gründungsidee, wie es dazu kam, wer die Gründer waren und was sie zur Gründung bewegt hat – eine Geschichte voll Pioniergeist, Anfangsschwierigkeiten, Rückschlägen und Erfolgen. Jeder Gründer prägt das Unternehmen nachhaltig, denn er hat nicht nur das Ziel des Unternehmens vorgegeben. Dieser Gründer hat auch das „Wie" geprägt und die Werte festgelegt, die dieses Unternehmen ausmachen. Genau diese Werte sollten Sie in der Imagebroschüre darstellen. Die Werte sind die Seele des Unternehmens, der Spirit, mit dem alle Entscheidungen getroffen werden.

Spannende Geschichten erzählen
Wenn Sie das alles in eine Geschichte verpacken und darin auch die wichtigsten Ereignisse der weiteren Unternehmensgeschichte einfließen lassen, können sich Kunden ein klares Bild machen. Dann wird aus einem anonymen Unternehmen auf einmal ein „sympathisches Wesen" mit einer Geschichte. Außerdem merkt man sich Geschichten viel leichter als trockene Fakten.

Hier eine wunderbare Firmengeschichte als Beispiel*:

Apple Computer wurde am 1. April 1976 von Steven P. Jobs (21) und Stephen G. Wozniak (26) in Palo Alto/Kalifornien gegründet. In einer Garage entwickelten und produzierten die beiden Jungunternehmer die erste funktionstüchtige PC-Platine, den legendären Apple I. Erster Abnehmer von 50 Apple I-Platinen war Paul Terrel, Inhaber des „Byte Shop" für Computerkomponenten. Für 666,66 Dollar stand der Apple I ab Mai 1976 in den Byte Shops zum Verkauf. Mit „Byte into an Apple" warb

* Quelle: MacBug.de und computer-modell-katalog.de

die Verkaufsanzeige für „das erste preiswerte Mikrocomputer-system mit Bildschirmanschluss und 8 Kilobyte RAM auf einer einzigen PC-Karte". Mit dieser Verkaufsanzeige, so eine der Legenden, war auch die Idee für das heutige Apple-Logo, den regenbogenfarbenen Apfel mit Biss, geboren.

Vom Garagenbastler zum Milliardenunternehmen

1977 firmierte Apple Computer bereits als Aktiengesellschaft und stellte im gleichen Jahr den Apple II vor. 1978 verließ Apple die Garage in Palo Alto und bezog ein neues Firmen-gebäude in Cupertino/Kalifornien. Zwei Jahre später eröffnete das Unternehmen eine Produktionsstätte in Cork/Irland und begann mit der Produktion des Apple II für den europäischen Markt. Apple Computer übersprang 1980 die 100-Millionen-Dollar-Umsatzgrenze und beschäftigte über 1000 Mitarbeiter. 1982 erreichte Apple Computer einen Umsatz von 583 Millio-nen Dollar und schaffte als jüngstes Unternehmen den Sprung in die Top-500-Liste der führenden amerikanischen Firmen. Im Herbst 1997 startete Apple Computer die aufsehenerregende „Think-different"-Werbekampagne, die wie keine andere die Philosophie des Unternehmens verdeutlichen sollte: In aus-gewählten Printmedien, in zahlreichen Kinos und auf expo-nierten Riesenbildwänden ist die Botschaft von Apple „an die, die anders denken" zu sehen und zu hören. Die Kampagne thematisierte als Zeugen berühmte Personen der Zeitgeschich-te, darunter Muhammad Ali, Pablo Picasso, Albert Einstein und Mahatma Gandhi. „Think different" ehrte jene „Quer-denker", die unser Jahrhundert maßgeblich mitgestaltet haben. „Think different" trifft den Kern der Marke Apple. Es sind ge-rade die leidenschaftlichen, kreativen Menschen, die die Welt verändern können, und genau für diese Menschen möchte Apple die besten Werkzeuge schaffen.

Mit einem Umsatz von 8,16 Milliarden US-Dollar verzeich-nete Apple im 1. Quartal 2009 das beste Ergebnis der Firmen-

geschichte. Was in einer Garage und mit viel Enthusiasmus begann, wurde zum internationalen Milliardenunternehmen.

Social responsibility Die Wichtigkeit der Unternehmenswerte in Ihren Darstellungen sollten Sie nicht unterschätzen. Konsumenten werden immer mündiger und entscheiden nicht nur aufgrund des Preises, wo sie kaufen. Die *social responsibility*, die ein Unternehmen wahrnimmt, trägt für viele Kunden mit zur Kaufentscheidung bei. Denken Sie nur an die Schwierigkeiten von Unternehmen wie Ikea. Das schwedische Möbelhaus war 2005 mit dem Vorwurf der Kinderarbeit in Fabriken in China, Südostasien und in einer Teppichfabrik in Indien konfrontiert – für ein Unternehmen, das besonders auf Familienfreundlichkeit achtet, eine schwierige Situation. Um mit den Firmenwerte nicht in Konflikt zu kommen, hat Ikea den Vertrag mit dem betreffenden Teppichlieferanten gekündigt und mit den Lieferanten in Südostasien und China einen Aktionsplan gegen Kinderarbeit erstellt. Ikea hat in dem Fall seine *social responsibility* wahrgenommen.

Ein weiteres Beispiel ist das Unternehmen Body Shop. Dessen zentraler Wert ist die Achtung der Umwelt. Das Unternehmen produziert deshalb Kosmetika auf pflanzlicher Basis – sie verzichten auf Tierversuche. Für viele Menschen, denen der Schutz von Tieren wichtig ist und die es mit ihrer persönlichen Ethik nicht vereinbaren können, an Tieren getestete Produkte zu verwenden, ist das ein Grund, ihre Kosmetikartikel bei Body Shop zu kaufen.

Vision des Unternehmens Neben den Werten und der Geschichte eines Unternehmens ist seine Vision das, was den Kunden interessiert. Was will das Unternehmen erreichen und wie will es diese Ziele erreichen? Hier werden allerdings oftmals in großen Worten Visionen beschrieben, die leider weit von der Realität im

Unternehmen entfernt sind. Im Idealfall aber sollte diese Vision bereits im Unternehmen umgesetzt sein oder zumindest sollte man sich auf dem Weg dahin befinden.

Beim Schreiben der Imagebroschüre sollten Sie die Vision möglichst konkret formulieren und nicht hinter hohlen Worthülsen verstecken. Eine klare Vision schafft es nicht nur, die Mitarbeiter zu begeistern und zu motivieren, an der Umsetzung bereitwillig mitzuarbeiten. Es macht auch dem Kunden die Entscheidung leichter, ob er mit einem Unternehmen mit einer solchen Vision zusammenarbeiten will.

Neben der Geschichte, den Werten und den Visionen sollten Sie in einer Firmenbroschüre auch die Personen, die hinter dem Unternehmen stehen, zeigen. Menschen sind an Menschen interessiert. Wir wollen wissen, mit wem wir es zu tun haben. Also zeigen Sie dem Kunden jene Mitarbeiter, mit denen er potenziell Kontakt haben wird – am besten mit Foto. Investieren Sie in einen Fotografen, der in Ihr Unternehmen kommt und alle Mitarbeiter professionell fotografiert. Schreiben Sie neben den Namen und die Kontaktdaten auch die Aufgaben dieser Person und was die besonderen Kompetenzen sind.

Zeigen Sie sich und die Personen, die zu Ihnen gehören

Eine Imagebroschüre ist auch der ideale Platz, die Firmenstruktur zu zeigen. Stellen Sie dar, wie Ihr Unternehmen organisiert ist und welche Menschen darin arbeiten. Sie müssen kein detailliertes Organigramm abbilden, aber zumindest welche Abteilungen es gibt und wer diese Abteilungen leitet.

Zeigen Sie die Firmenstruktur

Sie können auch ein oder zwei Statements von Mitarbeitern einbauen: wie lange sie schon beim Unternehmen sind, was ihnen an ihrem Job Spaß macht und warum sie gerne für dieses Unternehmen arbeiten.

Außerdem können Sie die Standorte zeigen, an denen das Unternehmen aktiv ist. Und die klassischen Firmendaten dürfen natürlich auch nicht fehlen:

- Umsatz
- Mitarbeiteranzahl
- Exportanteil
- Firmenform

Die Kunden Zeigen Sie, mit wem Sie arbeiten, damit sich potenzielle Kunden ein besseres Bild machen können. Beschreiben Sie, welche Kunden schon mit der Arbeit des Unternehmens zufrieden waren. Bedenken Sie, dass ein Firmenfolder das Unternehmen präsentieren soll. Ein wichtiger Teil des Unternehmens sind die Kunden – zeigen Sie, was Sie für diese Kunden tun konnten.

Stellen Sie auch Ihr Angebot im Imagefolder kurz vor. Was bieten Sie an, was ist das Besondere an Ihrem Angebot? Beschreiben Sie an dieser Stelle das Angebot nicht detailliert, aber geben Sie der Leserin einen Eindruck davon, was Sie anbieten. Sie soll neugierig werden und mehr wissen wollen.

Bevor Sie beginnen Sie sehen, eine Imagebroschüre hat viele Aspekte – überlegen Sie sich daher genau, was Sie alles aufnehmen wollen. Stellen Sie sich die folgenden Fragen:

- Für wen produziere ich den Folder?
- Wie lange soll er gültig sein?
- Wie groß soll die Auflage sein?
- Wie gestalte ich ihn?

Diese Dinge klingen alle logisch und klar – doch meist sind es genau diese einfachen Dinge, die übersehen werden. Planen Sie Ihre Imagebroschüre daher genau.

Folder und Flyer

Produkte und Dienstleistungen lassen sich am besten in kleinen Foldern und Flyern beschreiben, vor allem dann, wenn Sie keine große Produktpalette haben. Folder oder Flyer dienen als erstes unverbindliches Informationsmaterial für den Kunden. Man kann sie mitgeben oder auch irgendwo auslegen.

Will man sich zum Beispiel ein neues Auto kaufen, kann man in verschiedene Autohäuser gehen, sich die infrage kommenden Autos ansehen und sich dann jeweils eine Broschüre der Modelle, die einem gefallen, mitnehmen. Zu Hause hat man dann die Möglichkeit, die Broschüren nochmals in Ruhe anzusehen sowie die Ausstattungen und Verbrauchswerte der Autos zu vergleichen. Sie sollten Sie sich also bei der Erstellung Ihres Produktfolders genau überlegen, welche Informationen der Kunde in diesem Stadium der Vorentscheidung braucht. Gerade bei größeren Investitionen wie Autos, Elektrogeräten oder auch Lebensversicherungen will sich der potenzielle Kunde über das Produkt oder die Dienstleistung informieren. Auch wer sich überlegt, eine Shiatsu-Praxis aufzusuchen oder einen neuen Friseur, will sich vorher unverbindlich über die angebotenen Leistungen informieren. Das ist ein natürlicher Prozess, in dem wir herausfinden, ob das Produkt oder die Dienstleistung das Richtige für uns ist, ob damit unser Problem gelöst wird. Wir schützen uns vor einer Fehlentscheidung und informieren uns genau. Minimieren Sie also das Kaufrisiko Ihrer Kunden, indem Sie alle relevanten Fragen vor dem Kauf beantworten. Überlegen Sie daher in der Konzeption Ihrer Broschüre, welche Fragen Ihr potenzieller Kunde hat.

Informationen geben

Bedenken Sie auch beim Herstellen von Produktflyern, dass Sie nicht nur Produkteigenschaften aufzählen, sondern auch beschreiben, welche Vorteile diese für den Kunden bringen.

Vorteile zeigen

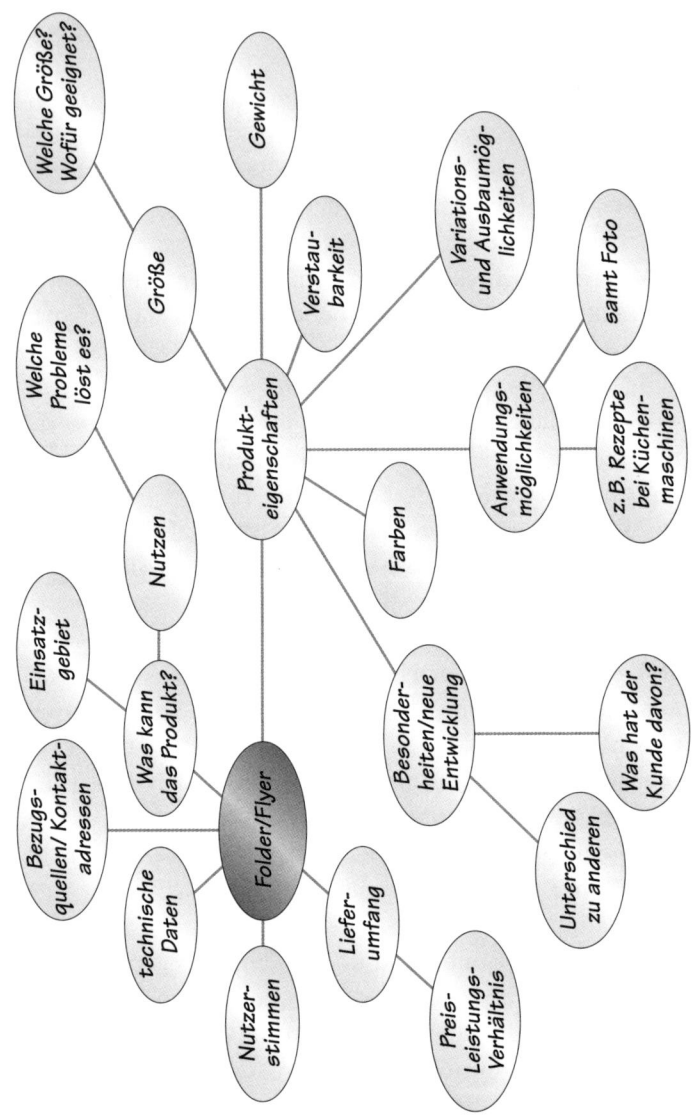

Leider werden gerade Produktfolder in blumiger Sprache oder gespickt mit Worthülsen geschrieben. Berücksichtigen Sie beim Schreiben, dass Menschen auf unterschiedliche Informationen ansprechen. Die einen wollen rasante Fotos und kaufen das Image des Produkts, während andere Zahlen, Daten und Fakten suchen. Eine ausgewogene Mischung erreicht mehr Menschen. Die Zielgruppe hat natürlich auch einen Einfluss auf die Beschreibung des Produkts. Wenn ein Auto etwa Frauen ansprechen soll, ist – neben Informationen zur Funktionalität – auch wichtig, wie hoch der Verbrauch ist und vielleicht auch, wie umweltfreundlich das Auto ist. Sie interessiert, ob sie alle Einkäufe, den Kinderwagen und wie in meinem Fall den Hund gut unterbringen. Bei einem Auto, das hauptsächlich für Männer geplant ist, geht es um die Leistung des Motors, technische Finessen und Sportlichkeit. Berücksichtigen Sie solche Unterschiede bei der Produktbeschreibung.

Auf eine ausgewogene Mischung achten

Im Produktfolder beschreiben Sie neben den Produkteigenschaften und deren Vorteilen außerdem Variationsmöglichkeiten der Produkte. Damit ist gemeint, in welchen verschiedenen Situationen das Produkt wofür eingesetzt werden kann. Damit zeigen Sie, wie das Produkt mit Zusätzen verändert oder mit anderen Produkten aus Ihrem Sortiment erweitert werden kann.

Anwendungsbeispiele zeigen

Zeigen Sie die verschiedenen Anwendungsmöglichkeiten auch mit Beispielen. In einem Folder über eine Küchenmaschine kann ein Kochrezept enthalten sein – natürlich eines, bei dem die Maschine benötigt wird. Bei einem Rasenmäher kann eine Anleitung in der Broschüre sein, wie man zum Beispiel Streifenmuster auf den Rasen zaubert. Die Shiatsu-Praktikerin führt an, bei welchen Beschwerden Shiatsu helfen kann. Führen Sie auch Feedback von Benutzern oder zufriedene Kunden an, die beschreiben, was sie besonders am Produkt oder der Dienstleistung schätzen.

Kostenlose Tests anbieten Machen Sie es Ihrem Kunden einfach, seine Kaufentscheidung zu treffen. Sie können ihm zum Beispiel kostenlose Testgeräte anbieten oder eine kostenlose erste Behandlung. Dann kann der Kunde ausprobieren, ob Ihr Produkt oder Ihre Dienstleistung wirklich das Richtige für ihn ist. Das geht allerdings bei einem Installateur eher schwer. Aber er kann Fotos von renovierten Bädern in den Folder einbauen und eine kostenlose Bäderplanung anbieten. Derartige „Kostproben" helfen dem Kunden, sein Kaufrisiko zu minimieren. Bieten Sie diese daher auch im Produktfolder an. Schreiben Sie gleich die Telefonnummer oder Mailadresse dazu, wo der Kunde diese Kostprobe ordern oder einen Termin vereinbaren kann. Auch wenn die Telefonnummer bereits bei Ihren Kontaktdaten steht, führen Sie diese nochmals für einen kostenlosen Test an. Vielleicht können Sie in Ihrem Unternehmen eine eigene Durchwahl dafür einrichten. Dann wissen die Mitarbeiter, wenn auf dieser Durchwahl das Telefon läutet, dass ein potenzieller Kunde ein Testangebot haben will. Der Mitarbeiter kann sich dann entsprechend melden und den Kunden begrüßen. Sie werden nicht glauben, welche Wirkung solche Kleinigkeiten haben. Eine Seminarteilnehmerin erzählte, dass sie von einem Modeversandhaus eine goldene VIP-Karte hat, weil sie dort regelmäßig bestellt. Sie hat eine eigene Rufnummer, über die sie das Versandhaus anruft – und sie wird namentlich begrüßt, man kennt natürlich ihre Adresse, sie braucht nur noch durchzugeben, was sie haben will. Die Teilnehmerin hat zugegeben, dass sie jetzt noch mehr bestellt als früher, weil es ihr so einfach gemacht wird.

Kundenbeziehungen aufbauen Derartige Kundenbeziehungen bauen Sie schon mit dem ersten Produktfolder auf. Machen Sie es Ihren Kunden einfach, mit Ihnen ins Geschäft zu kommen, indem Sie Kostproben ermöglichen und ihre Fragen beantworten. Den Skeptikern unter Ihnen, die befürchten, die Kunden würden das leidlich ausnutzen und sie hätten nur Kosten aber keine Verkäufe, kann ich beruhigen: Was Sie diese Proben kosten, bekommen Sie zu einem Vielfachen wieder herein – vorausgesetzt Ihr Produkt ist gut und erfüllt die Erwartungen des Kunden.

Das sei an dieser Stelle auch erwähnt: Vermeiden Sie Mogelpackungen. Beschreiben Sie in Ihrem Folder keine Nutzen und Vorteile, die das Produkt nicht hat. Denn der negative Effekt ist weit größer, als Sie denken. Die Enttäuschung der Kunden über ein nicht gehaltenes Versprechen wird dazu führen, dass sie Ihr Produkt nie wieder kaufen. Im schlimmsten Fall werden sie von ihrer Enttäuschung Freunden und Kollegen berichten.

Pressetext

Pressearbeit hat zum Ziel, ein Unternehmen oder eine Person in die Medien zu bringen – und damit den Bekanntheitsgrad zu steigern. Doch wie schafft man es, von den Medien wahrgenommen zu werden und regelmäßig in der Presse aufzutauchen? Mit dieser Frage und welche Inhalte ein Pressetext enthalten soll, beschäftigen wir uns im folgenden Abschnitt.

Den Bekanntheitsgrad steigern

Anlässe für einen Pressetext

Bereits bei der Frage, zu welchem Anlass man überhaupt einen Pressetext schreibt und verschickt, beginnt die Herausforderung. Was für Sie als Unternehmer vielleicht relevant ist, muss für die Öffentlichkeit noch keine große Neuigkeit sein und ist daher auch für den Journalisten keine Meldung wert. Damit es Ihr Pressetext tatsächlich in die Medien schafft, müssen Sie die „3 Ns" beachten:

- Nutzen
- Nähe
- Neu

Nutzen Arbeiten Sie den Nutzen Ihrer Meldung für die Zielgruppe des Mediums heraus. Der kann für die Leserin einer Wirtschaftszeitung ein anderer sein als für die Leserin einer brancheninternen Zeitung.

Wenn Sie zum Beispiel 100 Mitarbeiter entlassen müssen, ist das von allgemeinem Interesse und die Presse wird darüber berichten. In so einem Fall von Krisen-PR ist es allerdings ohnehin notwendig, Presseinfos parat zu haben, denn sobald Journalisten davon Wind bekommen, werden sie Infor-

mationen fordern. Wenn Sie eine neue Produktionsanlage installiert haben, die besonders umweltschonend ist und Sie damit Ihre Abgaswerte dramatisch senken, ist das eine Neuerung von allgemeinem Interesse – und eine Meldung wert.

Ebenfalls nützlich ist Ihre Meldung, wenn Sie darin die Auswirkungen von bekannten Ereignissen aufgreifen. Wenn es zum Beispiel eine Gesetzesänderung gegeben hat und Sie mit einem neuen Produkt oder einer neuen Dienstleistung darauf reagieren und damit helfen, die Einhaltung des Gesetzes zu erleichtern, ist das von allgemeinem Interesse. Eine provokante Aussage zu einem aktuellen Thema kann Sie dabei auch in die Medien bringen. Denken Sie aber an Ihr Image, machen Sie keine provokanten Aussagen, nur um in die Medien zu kommen.

Nähe können Sie erzeugen, wenn bekannte Personen oder Institutionen Gegenstand der Presseaussendung sind. Wenn Sie also zum Beispiel einen Prominenten als Aushängeschild Ihrer Werbekampagne unter Vertrag genommen haben, ist das schon eine Pressemeldung wert, kurz bevor die Kampagne beginnt. Wenn Prominente bei Ihrem Firmenevent dabei sind, steigt Ihre Chance auf Erwähnung in der Presse.

Was ist das **Neue** am Produkt oder der Dienstleistung? Die neue Farbausführung eines Produkts ist noch keine Pressemeldung wert, außer vielleicht in brancheninternen Magazinen. Sie sollten in jedem Fall auf die Aktualität Ihrer Meldung achten.

Wenn die Information, die Sie der Presse geben wollen, nicht in mindestens eine der Kategorien der „3 Ns" hineinfällt, können Sie sich die Arbeit sparen. Kein Journalist wird Ihnen dafür auch nur einen Zweizeiler widmen.

Inhalt eines Pressetextes

Nachdem Sie nun wissen, zu welchen Anlässen Sie eine Pressemeldung schreiben, schauen wir uns an, was darin alles vorkommen soll. Ihr Pressetext sollte die Antworten auf die folgenden W-Fragen enthalten:

- Wer?
- Was?
- Wann?
- Wo?
- Wie?
- Woher?
- Warum?
- Mit welchen Folgen?

Aufbau eines Pressetextes

Ein Pressetext besteht aus vier Teilen:

- Titel
- Leadtext oder Vorspann
- Textkörper
- *bottom line* und Kontakt

Lead als Einleitung Im Titel und im Leadtext beschreiben Sie, worum es in dieser Presseaussendung geht. Der Leadtext ist ein kurzer Einleitungsabsatz, in dem die oben genannten ersten fünf W-Fragen bis „Wie?" beantwortet werden. Sie kennen den Leadtext aus Tageszeitungen und Magazinen; es ist der kurze Absatz, meist grafisch abgehoben vom eigentlichen Textteil, in dem alle Infos kurz zusammengefasst sind. Der Leadtext gibt einen raschen Überblick über das Thema – als Leserin entscheiden Sie meist aufgrund des Leadtextes, ob Sie den Artikel lesen oder nicht.

Für den Journalisten ist der Leadtext wichtig, um zu entscheiden, ob Ihre Meldung für die Leserinnen seines Mediums relevant ist und er die Nachricht bringen wird. Wenn im Leadtext die W-Fragen und die „3 Ns" – Nutzen, Nähe oder Neuigkeit – nicht klar vermittelt werden, fällt Ihr Pressetext durch.

Der Textteil enthält dann detailliertere Informationen – aber auch hier kommt das Wichtige zuerst. Der Aufbau muss so sein, dass der Text von hinten kürzbar ist, denn so geht der Redakteur vor, wenn der Text zu lang ist. Je nachdem wie viel Platz der Redakteur hat und wie wichtig das Thema für die Leserinnen des Mediums ist, wird er den Text komplett übernehmen oder kürzen. Die Wichtigkeit der Infos sollte also von vorn nach hinten abnehmen. Es gilt die folgende Reihenfolge: **Textteil für detaillierte Infos**

- Ergebnis
- nähere Umstände
- Details
- Vorgeschichte

In der *bottom line* beschreiben Sie die wichtigsten Fakten Ihres Unternehmens. Hier erwähnen Sie die Unternehmensgröße, in welchem Bereich Ihr Unternehmen tätig ist und so weiter. Vor allem wenn Ihr Unternehmen noch nicht so bekannt ist, gibt diese bottom line dem Redakteur die Gelegenheit, Ihr Unternehmen einzuschätzen. ***bottom line* als Hintergrundinfo**

Nennen Sie bei den Kontaktdaten nicht irgendeine beliebige Person. Es macht zum Beispiel keinen Sinn, den Geschäftsführer des Unternehmens anzuführen, wenn dieser für Journalisten dann nicht erreichbar ist. Bei den Kontaktdaten geben Sie namentlich eine Ansprechperson für die Presse an. Verwenden Sie bei der Telefonnummer die Durchwahl und

Kontaktdaten nicht nur die Nummer der Zentrale, damit der Journalist direkt eine kompetente Ansprechperson erreicht, ohne dass er weiterverbunden werden muss. Neben der Telefonnummer gehört natürlich auch die E-Mail-Adresse dazu. Zum Schluss können Sie außerdem angeben, ob Pressefotos zur Verfügung gestellt werden können oder ob jemand aus dem Unternehmen für ein Interview zur Verfügung steht.

Macht der Medien

Bedenken Sie, dass Medien auf drei Ebenen funktionieren:

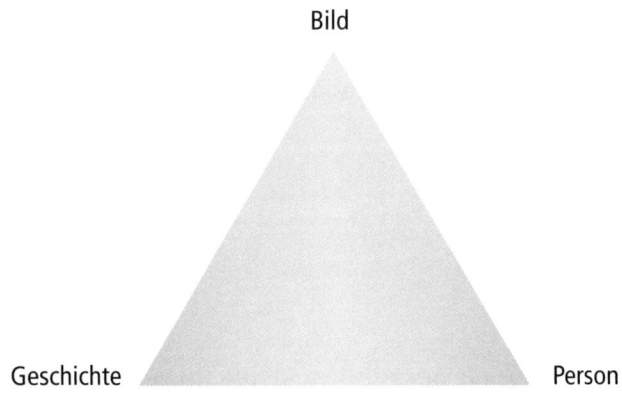

Bild

Geschichte   Person

Geschichten und Menschen Keine Geschichte funktioniert ohne Persönlichkeit, keine Persönlichkeit ohne Bild. Medien sind an Geschichten und Menschen interessiert, weil Menschen an Geschichten und Menschen interessiert sind. Und jeder will ein Bild davon sehen. Ein neues Produkt ist für Journalisten noch keine Geschichte. Wenn Sie jedoch den Erfinder des Produkts abbilden können und dazu auch eine Geschichte haben, wie er auf die Idee für das Produkt gekommen ist, dann haben Sie etwas zu erzählen – und Sie bedienen alle drei genannten Ebenen.

Bauen Sie Zitate in Ihre Pressemeldung ein. Lassen Sie eine für das Thema relevante Person zu Wort kommen. Diese wörtlichen Zitate werden von Journalisten gerne übernommen, weil sie einen Artikel lebendiger machen. Versuchen Sie im wörtlichen Zitat jedoch nicht, irgendwelche Werbebotschaften unterzubringen, sondern vielmehr den Nutzen zu kommunizieren.

Würzen Sie Ihre Geschichte mit Bildern. Menschen nehmen gern visuell wahr – nicht umsonst gibt es den Spruch: „Ein Bild sagt mehr als 1000 Worte." Ein Artikel mit einem ansprechenden Bild erregt mehr Aufmerksamkeit bei der Leserin als einer ohne Bild. Wenn auf dem Bild noch ein Mensch zu sehen ist, können wir nicht anders als hinzusehen und zumindest ein paar Zeilen des Artikels zu lesen.

Ein Bild sagt mehr als 1000 Worte

Ein gutes Foto kann Ihre Chance auf Veröffentlichung jedenfalls erhöhen. Redakteure sind froh, wenn ihnen hochwertiges Bildmaterial angeboten wird. Aber was zeichnet gutes Bildmaterial aus? Im Idealfall zeigt es die zitierte Person „in action" bei einer Tätigkeit, die zum Thema passt, zum Beispiel beim Spatenstich zum neuen Firmengebäude, am Förderband, wenn das millionste Produkt vom Band läuft, bei der Übergabe eines überdimensionalen Spendenschecks und so weiter. Beim Versand von Fotos an Redakteure sind jedoch einige wichtige Dinge zu berücksichtigen wie die Bildrechte und die Dateigröße.

Prinzipiell werden Zeitungen nur Fotos verwenden, die sie kostenlos bekommen. Das bedeutet, Sie müssen die entsprechenden Nutzungsrechte vorher mit dem Fotografen, der die Fotos gemacht hat, klären. Üblicherweise wird bei Fotos der Name des Fotografen angegeben – also schreiben Sie diesen gleich mit dazu.

Bildrechte

Der Versand

Pressetexte werden meist per E-Mail verschickt. Bitte schicken Sie das Foto aber nicht in druckfähiger Auflösung an den Redakteur. Ein Foto in druckfähiger Qualität, also mit 300 dpi, ist mehrere MB groß. Redakteure bekommen pro Tag Hunderte E-Mails. Stellen Sie sich vor, wie schnell deren Mailbox voll ist, wenn jeder Fotos in druckfähiger Qualität mitschickt. Schicken Sie das Foto daher in einer geringen Auflösung zum Beispiel mit 72 dpi mit, sodass der Journalist einen Eindruck vom Foto bekommt, und schreiben Sie dazu, dass Sie eine druckfähige Auflösung auf Wunsch gerne nachschicken.

Der richtige Empfänger Damit Ihre Pressemeldung auch veröffentlicht wird, müssen Sie einige Punkte beachten. Schicken Sie Ihre Presseaussendung zum Beispiel nicht einfach an die Chefredaktion. Die Wahrscheinlichkeit auf Veröffentlichung ist dann sehr gering. Recherchieren Sie lieber, welcher Redakteur in der jeweiligen Zeitung für Ihren Themenbereich zuständig ist. Das finden Sie heraus, indem Sie die Zeitung genau lesen und schauen, welcher Redakteur immer wieder zu Ihrem Bereich Artikel schreibt, oder indem Sie im Verlag anrufen und das erfragen. Bereiten Sie sich auf dieses Telefonat jedoch genau vor. Es kann zwar sein, dass Sie „nur" mit der Redaktionsassistentin sprechen, manchmal aber – und das ist der Idealfall – erreichen Sie den Redakteur direkt selbst. Dann können Sie sofort klären, ob er Interesse an Ihrer Geschichte hat.

Der richtige Zeitpunkt Gehen Sie mit großer Wahrscheinlichkeit davon aus, dass Journalisten unter Zeitdruck stehen – das hat mit der Aktualität, mit der sie Nachrichten liefern müssen, zu tun. Es gibt daher günstige und sehr ungünstige Zeiten, um einen Journalisten anzurufen. Ein Journalist, der gerade kurz vor der Abgabe seines Artikels oder Beitrags steht, hat kein offenes Ohr für neue Geschichten. Ist der Redaktionsschluss aber vorbei, sieht die Sache ganz anders aus. Da ist der Redakteur auf der Suche nach neuen Geschichten. Die Redaktionsschlusszeiten finden Sie meist in den Mediadaten, die es zu jeder Zeitung oder Zeitschrift gibt und die die Informationen für Anzeigenkunden enthalten. Wenn Sie genau wissen, wann die Zeitung erscheint, können Sie sich auch ausrechnen, wann Redaktionsschluss ist. Bei Monatsmagazinen ist das etwa zwei Wochen vor dem Erscheinungstermin – die restliche Zeit wird für Gestaltung und Druck benötigt. Bei Tageszeitungen ist meist zwischen 17 und 19 Uhr Redaktionsschluss für den nächsten Tag. Am Vormittag finden die Redaktionssitzungen statt. Rufen Sie in dieser Zeit einen Journalisten nur an, wenn Sie eine tagesaktuelle Geschichte haben.

Bitte schreiben Sie in die Betreffzeile Ihrer Presse-Mails nicht nur „Pressetext" oder „Pressemitteilung". Bei mehreren Hundert Mails am Tag mit diesem Betreff sticht Ihre Mail nicht heraus, sondern wird nur gelöscht. Schreiben Sie lieber Ihre Headline in die Betreffzeile.

Betreffzeile ausformulieren

In die Mail selbst schreiben Sie Ihren Leadtext und Ihre Kontaktdaten. Den eigentlichen Pressetext schicken Sie als Attachement. Viele Journalisten arbeiten mit dem Vorschaufenster ihres Mailprogramms, das heißt, wenn in den ersten Zeilen etwas steht, das für die Leserinnen des Magazins relevant ist, wird der Journalist die komplette Pressemeldung lesen. Also sollten Sie gleich nach der Anrede die wichtigsten Infos geben.

Fünf-Satz-Struktur

Die Fünf-Satz-Struktur können Sie sowohl für Statements im Fernsehen und Radio verwenden als auch für Statements, die Sie in den Pressetext als Zitat einbauen. Der erste Satz soll dabei Emotionen beschreiben. Damit schaffen Sie Nähe zum Zuschauer oder zur Leserin. Also, was hat Sie geärgert, was hat Sie gefreut? Beginnen Sie mit den Emotionen, die das Thema bei Ihnen auslöst. In den nächsten drei Sätzen bringen Sie Ihre Argumente. Worum geht es bei dem Thema, was ist die Kernaussage? Im letzten, im fünften Satz geben Sie eine Zusammenfassung oder einen Ausblick darauf, wie es weitergeht. So haben Sie in fünf Sätzen alle wichtigen Informationen zusammengefasst.

Die Relevanz für Medien

Wie vorher schon erwähnt, sollten Sie beim Schreiben des Pressetextes immer die Leserin des jeweiligen Mediums, in dem Ihr Text veröffentlicht werden soll, im Auge haben. Leserinnen eines Wirtschaftsmagazins interessieren andere Dinge als Leserinnen eines Branchenmagazins. Wenn Sie diese Tatsache berücksichtigen, wird schnell klar, dass Sie zu einem Thema nicht einen Pressetext an alle Medien schicken können.

Verschiedene Blickwinkel Ein Beispiel soll das verdeutlichen: Wenn eine Versicherung ein neues Angebot herausbringt und dieses bei einem Kundenevent vorstellt, ist das für die Presse aus unterschiedlichen Aspekten relevant. Für die Wirtschaftsseiten von Tageszeitungen ist relevant, welchen Umsatz Sie damit erwarten, wie das mit Ihren anderen Produkten in Zusammenhang steht und welche neue Kundenschicht Sie damit ansprechen wollen. Der Kundenevent selbst ist für die Wirtschaftsseite uninteressant. Wenn zu dem Fest prominente Gäste kommen, dann interessiert das zumindest im Nachhinein die Panoramaseitenmacher. Sie können in dem Fall eine Nachberichterstattung mit Fokus auf den Event versenden. Dabei wird die Vorstellung des neuen Produkts nur am Rande erwähnt – da steht der gesellschaftliche Event im Vordergrund der Berichterstattung. Für brancheninterne Magazine dagegen wird eine detaillierte Information über das Produkt interessant sein. Hier kommunizieren Sie Dinge wie die Strategie des Produkts, die Zielgruppe und den Nutzen.

Mailings und Werbebriefe

Bei Werbebriefen wird leider vieles nicht bedacht, das wichtig ist. Dadurch verursachen diese sogenannten Mailings zwar hohe Kosten, bringen aber oft nur wenig Umsatz. Es ist daher sinnvoll, sich vor dem Schreiben des Werbebriefs das Ziel und die Zielgruppe genau zu überlegen.

Eine gezielte Kundenansprache erreichen Sie nur mit einer gut geführten Kundendatenbank, so können Sie bei einem Mailing die geeigneten Empfänger rausfiltern. Wenn Sie zum Beispiel eine neue Software anbieten, die für Großkunden sinnvoll ist, können Sie sich ein Mailing an jene Kunden, die bisher nur ein kleines Softwarepaket gekauft haben, sparen und umgekehrt. Doch oft wird bei einer Produkteinführung ein Mailing an alle Kunden gemacht. Und dann wundert man sich über den schlechten Rücklauf und über die entstandenen Kosten. Und man kann durch derart unbedachte Aktionen sogar Kunden verärgern. Wenn ich als kleines Unternehmen ein Angebot bekomme, das überhaupt nicht zu meiner Unternehmensgröße passt, fühle ich mich als Kunde nicht ernst genommen. Ich frage mich, ob die Firma überhaupt weiß, was sie mir verkauft hat oder gerade zu verkaufen versucht.

Kundendatenbank pflegen

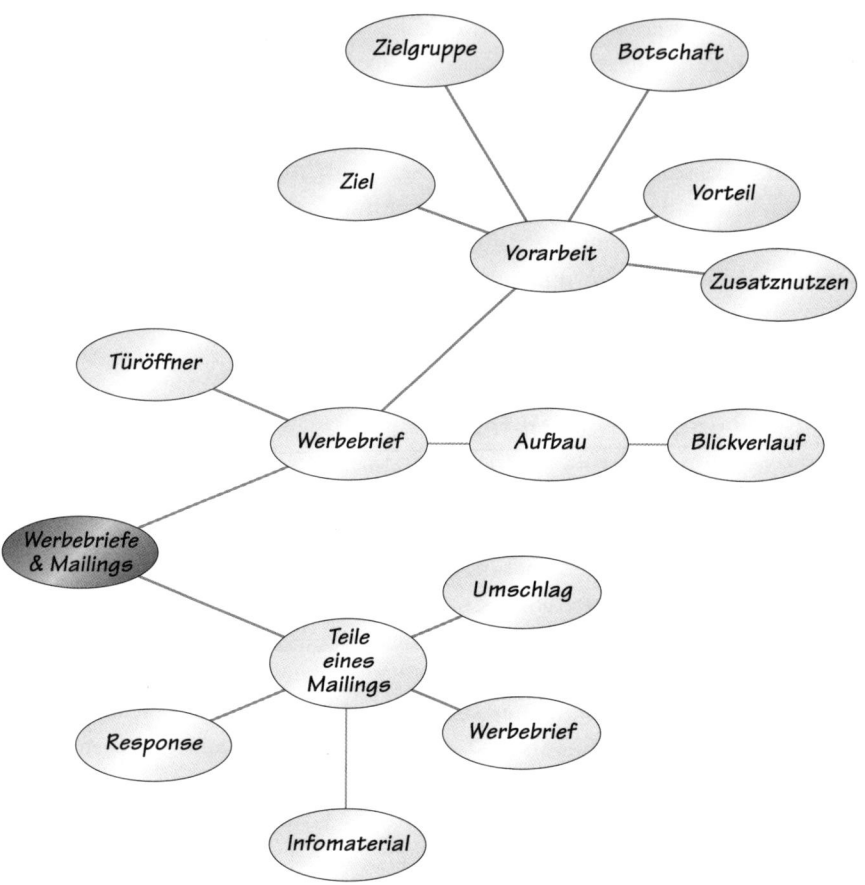

Daher ist eine gut gepflegte Kundendatenbank Ihre wichtigste Grundlage für Mailings mit gutem Rücklauf. Natürlich kostet der Aufbau einer solchen Datenbank Zeit und Geld. Aber überlegen Sie, wie viel Kosten Sie damit sparen.

Infopaket Ein Werbebrief kommt selten allein. Er ist meist Teil eines ganzen Informationspakets, das mitgeschickt wird. Sie können ein Mailing mit einem Verkaufsgespräch vergleichen:

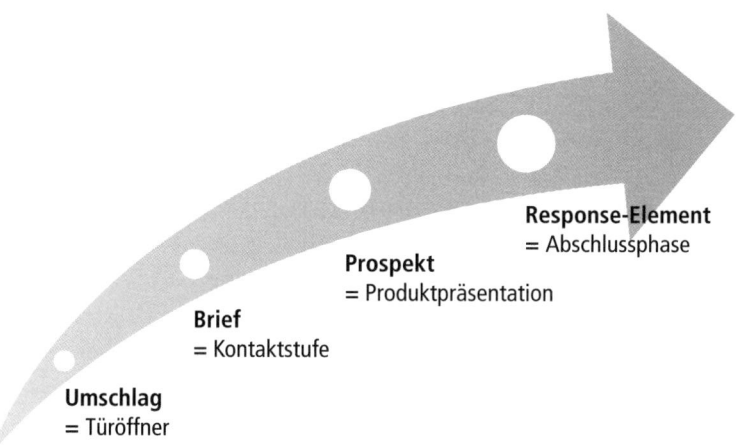

Umschlag
= Türöffner

Brief
= Kontaktstufe

Prospekt
= Produktpräsentation

Response-Element
= Abschlussphase

Der Umschlag ist der Türöffner. Kein Verkäufer fällt sofort mit der Tür ins Haus, im Gegenteil – er versucht zuerst das Interesse zu wecken, deutet einen Vorteil an oder macht neugierig auf das folgende Gespräch. Diese Rolle kann ein Aufdruck auf dem Briefumschlag übernehmen. Allerdings ist es nicht immer sinnvoll, den Umschlag zu bedrucken, da in großen Firmen das Sekretariat den Umschlag entfernt. Daher funktionieren Aufdrucke nur im Privatbereich oder bei kleineren Firmen.

Umschlag als Türöffner

Der eigentliche Brief baut eine persönliche Beziehung auf. Er ist es der Schlüssel für Ihren Verkaufserfolg. Ein Werbebrief sollte folgenden Aufbau haben:

Der Brief als Kontaktstufe

- Überschrift/Headline
- Anrede
- 1. Absatz: Einleitung, die beschreibt, welches Problem gelöst werden soll
- 2. Absatz: Lösung des Problems mit Ihrem Angebot
- 3. Absatz: Aufforderung zu kaufen, Kontakt aufzunehmen
- PS: Erinnerung oder Zusatznutzen

Schreibstile für Werbebriefe Sie können Werbebriefe in drei verschiedenen Stilen schreiben – jeweils passend zur Zielgruppe. Ich habe Ihnen die drei Schreibstile weiter vorn schon vorgestellt, hier nochmals eine Zusammenfassung:

Konservativer Schreibstil
- informiert rational und höflich
- bietet Zahlen, Daten, Fakten
- vermittelt Sicherheit und Garantie
- Wortbeispiele: Organisation, Logik, Qualität, Ausdauer

Kreativer Schreibstil
- überrascht, begeistert und inspiriert
- bietet Spaß und Spontaneität
- ist lebhaft, visuell, anregend
- Wortbeispiele: Fantasie, Rebell, Zukunft, Abenteuer, lässig, hell, leicht, dynamisch

Kontaktiver Schreibstil
- bittet, dankt, berührt
- zeigt Emotionen und Zwischenmenschliches
- fördert persönliche Beziehungen
- Wortbeispiele: Mensch, Herz, Liebe, Natur, wertvoll, nah, gemütlich, warm

Beziehung aufbauen Der eigentliche Werbebrief entspricht der „Kontaktstufe" echter Verkaufsgespräche. Ein Verkäufer baut in dieser Phase die Beziehung zum Gegenüber auf, wird „persönlich". Hier darf der Autor des Briefes präsent sein und formulieren „Ich empfehle Ihnen …".

Der eigentliche Produktverkauf geschieht dann mit dem Prospekt, den Sie mitschicken. Hier präsentieren Sie alle Details für den Kunden, die Vorteile und die Garantiezeiten. Der Prospekt verrät, wie dieses Produkt das Leben Ihres Kunden besser, schöner, einfacher und so weiter machen kann. Die Vorteile des Produkts werden in einzelnen Absätzen gezeigt, die von einer Headline eingeleitet werden, die zum Weiterlesen motiviert.

Der Blickverlauf beim Lesen

Die Ergebnisse von Untersuchungen, mit denen ursprünglich getestet wurde, wie der Blickverlauf beim Wahrnehmen von Printinseraten ist, können auch auf das Lesen von Briefen angewandt werden. Demnach scannen wir sozusagen einen Brief, um zu entscheiden, ob er wichtig ist und gleich gelesen werden muss oder ob er unwichtig ist und sogar weggeworfen werden kann. Das Wissen über diesen Blickverlauf hilft Ihnen bei der Gestaltung der Werbebriefe.

Hilfe bei der Gestaltung

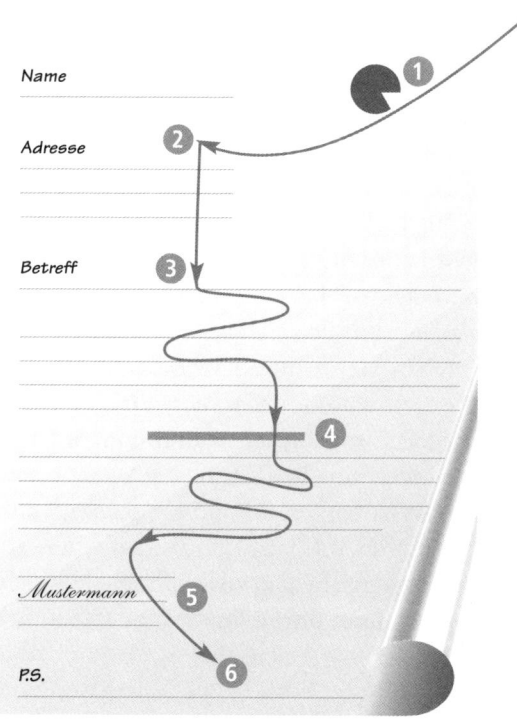

Absender und Anschrift Anhand des Absenders schätzt der Empfänger, ob er die Firma kennt, ob der Brief wichtig und relevant ist. Wenn der Absender zum Beispiel eine Behörde ist, wird dem Brief mehr Aufmerksamkeit gewidmet werden als bei einem unbekannten Unternehmen. Ist kein Absender erkenntlich, ist das dem Empfänger meist suspekt – er weiß nicht, wer ihn da anschreibt und wie er das Schreiben daher einschätzen soll.

Als Zweites kontrolliert der Empfänger, ob der Brief wirklich für ihn ist. Ist im Adresskopf beispielsweise der Name des Empfängers falsch geschrieben, sinkt die Bereitschaft weiterzulesen rapide. Menschen ist ihr Name wichtig, und sie reagieren größtenteils verärgert, wenn dieser falsch geschrieben wird.

Der Betreff In einem klassischen Brief ist es die Betreffzeile, in einem Werbebrief ist es eine Headline, die das Interesse des Empfängers wecken und ihn dazu animieren soll weiterzulesen. Entweder man spricht hier das Problem des Kunden an oder Sie geben ihm schon einen Ausblick auf seinen Nutzen.

Der Fließtext wird zunächst meist nicht genauer betrachtet. Das Auge bleibt nochmals bei einer hervorgehobenen Stelle hängen. Diese sollte zum Beispiel das *„What's in it for me?"* beantworten. Heben Sie in Ihrem Werbebrief nur wenige Stellen hervor – und diese bitte immer nur in einem Stil. Wenn manche Stellen unterstrichen und andere fett sind, haben Sie anscheinend eine Bewertung der Wichtigkeit eingeführt, denn sonst hätten Sie alles im gleichen Stil hervorgehoben. Doch Sie sollten Ihrem Kunden keine Bewertung mitliefern. Außerdem machen zu viele verschiedene Schriftarten und Stile einen Brief unruhig.

Der nächste Punkt, an dem die Augen beim Blickverlauf kurz hängen bleiben, ist die Unterschrift. Wenn keine Unterschrift vorhanden ist, geht der Empfänger davon aus, dass es kein persönliches Schreiben ist – somit ist es weniger wichtig für ihn. Achten Sie bei der Gestaltung der Briefe darauf, dass Sie eine Unterschrift haben und dass diese so gedruckt ist, dass es den Anschein hat, sie wäre tatsächlich handschriftlich eingefügt.

Das Einzige, das beim ersten Scannen des Textes tatsächlich gelesen wird, ist das P.S. Hier kommunizieren Sie den Nutzen für den Kunden nochmals – oder den Hinweis auf einen speziellen Rabatt, ein Gewinnspiel oder auf eine zeitliche Befristung des Angebots. Erscheint mir das, was im P.S. steht, als Empfänger nicht erstrebenswert, werde ich den Brief nicht lesen.

Nach diesem ersten Überblick, den sich ein Empfänger verschafft, entscheidet er, ob er den Brief lesen wird oder nicht. Hält Ihr Werbebrief diesem ersten Check nicht stand, weil das Angebot für den Kunden nicht attraktiv ist oder er seinen Nutzen nicht erkennt, landet der Brief im Altpapier. Hat dieser erste Check Interesse geweckt, wird der Brief genauer gelesen. Sie haben also nur wenige Sekunden Zeit, um Aufmerksamkeit zu erregen – entsprechend gut muss der Brief geschrieben sein.

Das Response-Element

Das Response-Element ist der eigentliche Star Ihres Mailings. Hier werden Termine vereinbart und die Erlaubnis für telefonisches Nachfassen erteilt. Überlegen Sie daher: Haben Sie durch alle bisherigen Elemente das Interesse des potenziellen Kunden an einer Bestellung geweckt? Dann machen Sie ihm das Ausfüllen des Response-Elements so einfach wie möglich.

Der Erfolg eines Mailings hängt auch davon ab, wie einfach Sie es dem Kunden machen, mit Ihnen ins Geschäft zu kommen. Ein Mailing, bestehend nur aus Werbebrief und einer Broschüre, ist nicht sinnvoll. Die Kosten können Sie sich sparen. Sie machen ein Mailing, weil Sie vom Kunden eine Reaktion wollen: Er soll auf Ihre Website gehen, weitere Unterlagen anfordern, am Gewinnspiel teilnehmen oder das Produkt kaufen. Doch das wird der Kunde nur tun, wenn Sie ihn dazu auffordern und wenn es für ihn leicht und ohne großen Zeitaufwand möglich ist, Ihrer Aufforderung zu folgen. Es gibt die im Folgenden beschriebenen Response-Elemente.

Website und E-Mail   Wenn Sie den Kunden im Mailing dazu auffordern, Ihre Website zu besuchen, dann richten Sie bitte eine „Landing-Page" ein: eine Seite, die die Kunden infomäßig dort abholt, wo sie aufgrund des Mailings stehen. Wenn Sie die Kunden also auf die Website schicken, um sich dort ein Video anzusehen, dass das Produkt im Einsatz zeigt, geben Sie gleich die entsprechende URL an, also zum Beispiel www.lighthouse-coaching.at/speakersvideo. Wenn Sie den Kunden zuerst auf Ihre Startseite schicken, dann sollte er dort sehr prominent einen Button finden, der ihn dann dorthin lotst, wo er hin soll. Der Kunde soll nicht suchen müssen, wo er weitere Infos bekommt. Daher ist es sinnvoll, eine Landing-Page einzurichten: damit der Kunde gleich zum Gewinspiel kommt oder direkt zu seinem VIP-Angebot.

Besonderheit wahren   Achtung bei „besonderem Angebot für besondere Kunden"! Wenn Sie Ihren Kunden im Mailing einen extra Rabatt anbieten oder einen sonstigen Zusatznutzen, darf er diesen dann nicht auf der Website als „Angebot des Monats" finden, den jeder bekommt. Wenn Sie für langjährige Kunden, die Ihnen einen besonders hohen Umsatz bescheren, eine Aktion machen, dann darf diese auch nur für diese Kundengruppe gelten. Anderenfalls fühlt sich dieser Kunde zu Recht nicht mehr besonders behandelt.

Bedenken Sie insgesamt, dass das Internet als Response-Element nur für bestimmte Zielgruppen geeignet ist.

Ein weiteres Response-Element ist die E-Mail. Wenn der Kunde per Mail antworten soll, beachten Sie, wer im Unternehmen dafür verantwortlich sein wird. Diese Person sollte nicht nur informiert sein, dass sie antworten soll, sondern auch wissen bis wann.

Bei der klassischen Antwortkarte sollten Sie das Feld für die Anschrift des Kunden groß genug gestalten, damit Ihre Kunden genügend Platz haben, leserlich zu schreiben. Ihre Antwortkarte sollte auch faxbar sein. Machen Sie Ihrem Kunden das Antworten so leicht wie möglich. Füllen Sie das Formular so weit es geht vorab für den Kunden aus, sodass er nur noch ankreuzen muss, was er haben will. **Die klassische Antwortkarte**

Beachten Sie, dass das Fax als Response-Element nur bei Firmenkunden sinnvoll ist, nicht aber bei Privatkunden, denn die wenigsten haben zu Hause ein Faxgerät.

Wenn Sie in Ihrem Mailing die Kunden auffordern, Sie anzurufen, ist es vor allem wichtig, die eigenen internen Ressourcen zu berücksichtigen. Sind genügend qualifizierte Mitarbeiter da, um die Kundenanrufe entgegenzunehmen? Nichts ist unangenehmer, als wenn Kunden in der Telefonwarteschleife hängen oder bei Mitarbeitern landen, die keine Ahnung vom Inhalt des Mailings haben. **Telefon-Response**

Überlegen Sie genau, welches Response-Element für Ihre Kunden passend ist. Welches Medium nutzen Ihre Kunden am häufigsten, welcher Zugang ist für sie am leichtesten?

Bei einem Mailing an Rentner wird E-Mail oder Internet als Response-Element eine Hemmschwelle darstellen. Genauso kann ein Fax-Formular als Response-Element für Privatpersonen eine Hürde darstellen.

Checkliste für mehr Response

Die folgende Checkliste soll Ihnen helfen, den Response Ihrer Mailing-Aktionen zu verbessern.

- Formulieren Sie eine klare Aufforderung zur Reaktion. Sagen Sie der Leserin genau, was zu tun ist.
- Ihr Response-Element soll mit so wenig Aufwand wie möglich zu bearbeiten sein. Je weniger Ihr Adressat ausfüllen muss, desto besser. Im Idealfall personalisieren Sie das Antwortfax bereits vor.
- Hüten Sie sich vor zu langen Antwortformularen. Bei der ersten Antwort Ihres Wunschkunden brauchen Sie noch nicht alles zu wissen. Beim ersten Kontakt genügt die Erlaubnis für weiteren Kontakt.
- Ihre Telefonnummer, Internetadresse und Mailadresse sind ein Muss.
- Richten Sie für den Internet-Response eine Landing-Page ein. Damit ist eine Unterseite auf Ihrer Homepage gemeint, die auf den Werbebrief abgestimmt ist. Sie holt die Leserin dort ab, wo sie nach dem Lesen des Werbebriefes steht, und präsentiert sofort die gewünschte und erwartete Vorteilsinformation.
- Setzen Sie ein Zeitlimit!
- Belohnen Sie schnelle Antworten mit kleinen Geschenken, Gutscheinen oder besonderen Rabatten (Frühbucher-Bonus).
- Machen Sie allen, die auf Ihr Mailing reagieren, ein Gratisangebot. Das kann eine Checkliste, eine kleine Broschüre oder Ähnliches sein.

Newsletter

Einen regelmäßigen Kundennewsletter zu versenden, gehört schon fast zum guten Ton eines Unternehmen. Doch leider werden in der Flut der täglich verschickten Newsletter die wenigsten gelesen – auch weil der Nutzen für den Newsletterabonnenten selten vorhanden ist. Es gibt Firmen, die reine Verkaufsnewsletter verschicken. Ich bekomme beispielsweise von „zooplus" jede Woche einen Newsletter mit den aktuellen Angeboten. Ich gestehe, ich lösche ihn meist ungelesen – außer mein Hunde- oder Katzenfuttervorrat geht gerade zur Neige.

Bevor wir uns mit den möglichen Inhalten eines Newsletters beschäftigen, gebe ich Ihnen hier einige allgemeine Hinweise, die zu berücksichtigen sind, bevor Sie einen Newsletter starten:

Wichtige Hinweise berücksichtigen

- Machen Sie das Anmeldeformular zum Newsletter mit wenigen Klicks auf der Website auffindbar. Das Anmeldeformular soll auch für ungeübte User keine Herausforderung sein. Fragen Sie nur notwendige Informationen ab. Verwenden Sie das „Double-Opt-In"-Verfahren für Ihre Newsletteranmeldung: Der Empfänger bekommt dabei eine E-Mail mit Link, mit dem er seine Bestellung bestätigt. So können Sie sicher sein, dass der Empfänger an Ihrem Newsletter wirklich interessiert ist und sich nicht versehentlich angemeldet hat.
- Machen Sie es Ihrem Empfänger einfach, sich wieder aus Ihrer Mailingliste auszutragen.
- Bieten Sie potenziellen Abonnenten mit einem Newsletterarchiv die Gelegenheit, sich ein Bild von Ihrem Newsletter zu machen, bevor sie ihn bestellen.
- Weisen Sie darauf hin, wie oft Ihr Newsletter erscheint – einmal pro Monat oder wöchentlich? Für viele ist das ein

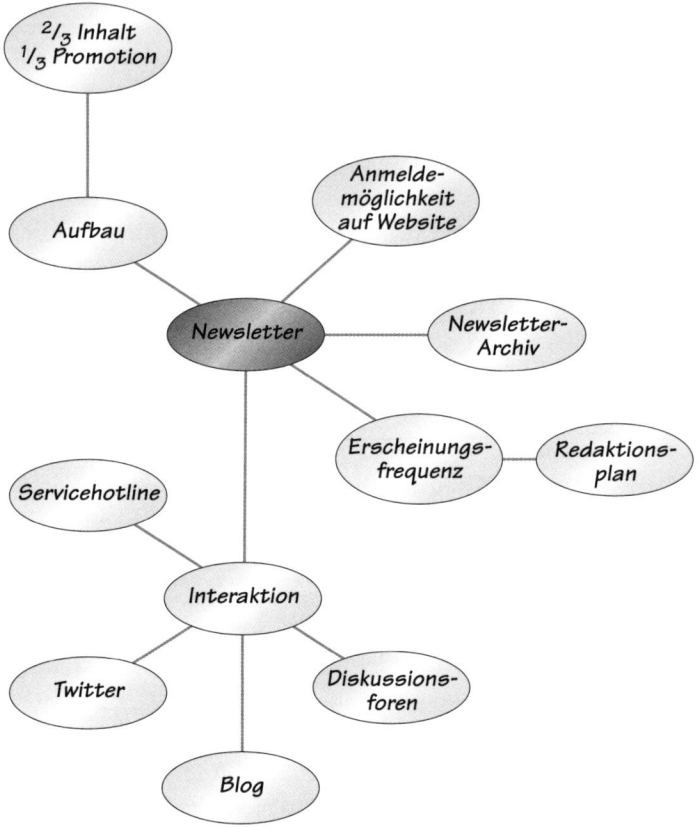

Entscheidungskriterium, ob sie abonnieren oder nicht. Überlegen Sie, wie viele wertvolle Informationen Sie Ihren Leserinnen bieten können. Danach entscheiden Sie, wie häufig Sie einen Newsletter verschicken können.

■ Nutzen Sie den Newsletter, um wirklich in Kontakt mit Ihrem Kunden zu bleiben – indem Sie den Newsletter nicht nur als Einbahnstraße konzipieren, sondern aktiv um Feedback bitten, auf ein Diskussionsforum hinweisen oder auf Ihre Service-Hotline.

- Wie jede Website muss auch ein Newsletter ein Impressum haben. Herausgeber samt Kontaktdaten müssen angeführt werden.
- Nennen Sie einen persönlichen Absender statt nur den Firmennamen; ein dem Empfänger bekannter Name schafft Vertrauen und ein Gefühl der persönlichen Ansprache.
- Sprechen Sie Ihren Empfänger namentlich an, das erhöht die Aufmerksamkeit.

Aufbau eines Newsletters

Damit Ihr Newsletter einen Servicecharakter für den Empfänger hat, sollte er zu zwei Dritteln aus Informationen und maximal zu einem Drittel aus Promotion bestehen.

Servicecharakter wahren

Verzichten Sie in der Betreffzeile auf Großschreibung und die Wörter „Newsletter", „Infobrief" oder „Gewinnspiel". Viele Spam-Filter sortieren aufgrund dieser Worte aus. Die Betreffzeile soll Interesse wecken und sofort zum Lesen animieren.

Schreiben Sie den Newsletter wie einen persönlichen Brief. Erlauben Sie sich, Gefühle auszudrücken – seien Sie stolz, aufgeregt und so weiter über einen neuen Kunden oder ein neues Produkt. Sterile Newsletter animieren nicht zum Lesen. Geben Sie Ihren Texten eine persönliche Note.

Gefühle ausdrücken

Wenn Ihr Newsletter mehrere Beiträge enthält, geben Sie Ihrer Leserin zu Beginn einen Überblick über die Themen dieser Ausgabe. Mit ein, zwei Sätzen oder einer neugierig machenden Überschrift legen Sie den Köder aus, um die Leserin in den Artikel zu ziehen. Verlinken Sie diese Kurzbeschreibung mit dem Artikel, damit es für die Leserin einfach ist, die Details zu finden.

Machen Sie keine Werbung für andere Firmen in Ihrem Newsletter. Sie lenken damit vom eigenen Produkt ab und Sie werden dadurch unglaubwürdig. Ausnahme: Das beworbene Produkt ist die ideale Ergänzung zu Ihrem Produkt.

Kaufanreize bieten Natürlich wollen Sie mit dem Newsletter auch verkaufen. Leider liefern die meisten Newsletter dem Kunden jedoch keinen Grund, gerade jetzt zu kaufen. Bieten Sie daher einen besonderen Rabatt, eine verlängerte Rückgabegarantie oder ein kostenloses Zusatzprodukt an. Besonders spannend wird es, wenn diese Aktion nur für die Abonnenten des Newsletters gilt, also zum Beispiel nicht auf Ihrer Homepage als Aktion des Monats angepriesen wird. Machen Sie Ihre Newsletterabonnenten zu VIP-Kunden, die besondere Konditionen bekommen.

Blogs und Twitter

Blogs und Twitter sind neue Formen der Kommunikation, die im Zeitalter von Web 2.0 immer mehr an Bedeutung gewinnen. Wurde bisher eher im privaten Rahmen gebloggt, nutzen auch immer mehr öffentliche Personen und Unternehmen diese Kommunikationsforen, um rasch und tagesaktuell mit ihren Kunden zu kommunizieren. Barack Obama hat das Internet und seine Online-Foren genutzt, um seine Ansichten zu verbreiten und sich die Stimmen seiner Unterstützer zu sichern.

Ziele überlegen Als Unternehmen sollten Sie aber nicht einfach drauflosbloggen – auch hier sollten Sie sich die Ziele überlegen. Was bezwecken Sie mit dem Blog oder der Twitternachricht? Wollen Sie echten Austausch mit Kunden und Lieferanten? Bedenken Sie, dass bei Blogs Ihre User auch antworten und miteinander diskutieren können. Rechnen Sie damit, dass auch negative Meinungen auftauchen. Beobachten Sie regelmäßig, sprich täglich, die Online-Foren. Beauftragen Sie jemanden in Ihrem Unternehmen, Anfragen zu beantworten und eventuell untergriffige oder beleidigende Einträge zu entfernen. Löschen Sie jedoch nicht automatisch jeden negativen oder kritischen Eintrag. Antworten Sie als Firma entsprechend konstruktiv darauf.

Blogs

In Blogs berichten Sie täglich oder zumindest mehrmals wöchentlich über Neuigkeiten: woran Sie gerade arbeiten, worüber Sie sich freuen, welchen Herausforderungen Sie sich stellen. Auf diese Weise geben Sie Kunden einen Einblick hinter die Kulissen des Unternehmens. Sie können aber natürlich auch über ein Gewinnspiel berichten: wie viele Einsendungen es schon gibt, wie viele Ideen schon eingesandt wurden und so weiter. Auch hier gilt: Was Sie schreiben, soll für Ihre Leserin einen Nutzen haben.

**Täglich
Neuigkeiten**

Der Sprachstil in Blogs sollte kontaktiv sein. Drücken Sie Gefühle aus – jedoch ohne dabei firmeninternen Klatsch und Tratsch weiterzugeben.

Twitter

Twitter ist ein Mini-Blog-Anbieter, über den man Nachrichten mit 140 Zeichen verschicken kann. Mit Twitter „zwitschern" Sie also kurze Nachrichten ins Web. Dieser Kurznachrichtendienst ist simpel, und genau darauf beruht der Erfolg. Dieses neue Medium kann von Unternehmen für Öffentlichkeitsarbeit, Vertrieb und Kundenservice eingesetzt werden. Auch dabei gilt es festzulegen: Was bezwecken Sie mit Twitter? Für wen schreiben Sie? Welchen Sprachstil erwartet die Zielgruppe? Twitter wird sich als offizielles

**Kurze Nachrichten
im Web**

Fenster zum Kunden etablieren. Auch bei Twitter hat die Relevanz für die Zielgruppe oberstes Gebot. „Zwitschern" Sie über folgende Inhalte:

- Produkte und Sonderangebote
- News aus der Branche oder Ihrem Unternehmen
- Verweis auf interessante Websites und Blogeinträge
- fachliche Fragestellungen, die Sie persönlich beschäftigen

Definieren Sie im Unternehmen klar, wer für das Unternehmen in welcher Funktion twittert und welche Inhalte transportiert werden. Überlassen Sie es nicht dem Zufall, wer oder was „gezwitschert" wird. Denn auch über Twitter wird das Image des Unternehmens transportiert.

Regelmäßig twittern Es ist klar, dass es nur sinnvoll ist, Twitter zu nutzen, wenn Sie wirklich regelmäßig darüber kommunizieren. Alle paar Wochen ein Eintrag ist zu wenig. Dieses Medium lebt von Aktualität und Regelmäßigkeit.

Texte für die Website

Ohne Website geht es nicht Schon seit einigen Jahren kommt kein Unternehmen mehr ohne Website aus. Denn User beginnen ihre Recherche zu einem Produkt oder einer Dienstleistung meist im Internet. Das heißt, Ihre Website ist in den meisten Fällen der erste Kontakt zu potenziellen Kunden. Wenn dem Kunden auf Ihrer Website nicht gefällt, was er sieht, oder er nicht findet, was er sucht, ist er als Kunde wahrscheinlich verloren. Sie merken es jedoch nicht, weil Interessenten Ihre Website besuchen, ohne dass Sie wissen, wer sie sind. Denn anders als in einem Geschäft, wo der Kunde das Geschäftslokal betreten muss, sich umschaut und wieder geht – was eine gewisse Hürde darstellt –, ist er im Onlinebereich weitgehend

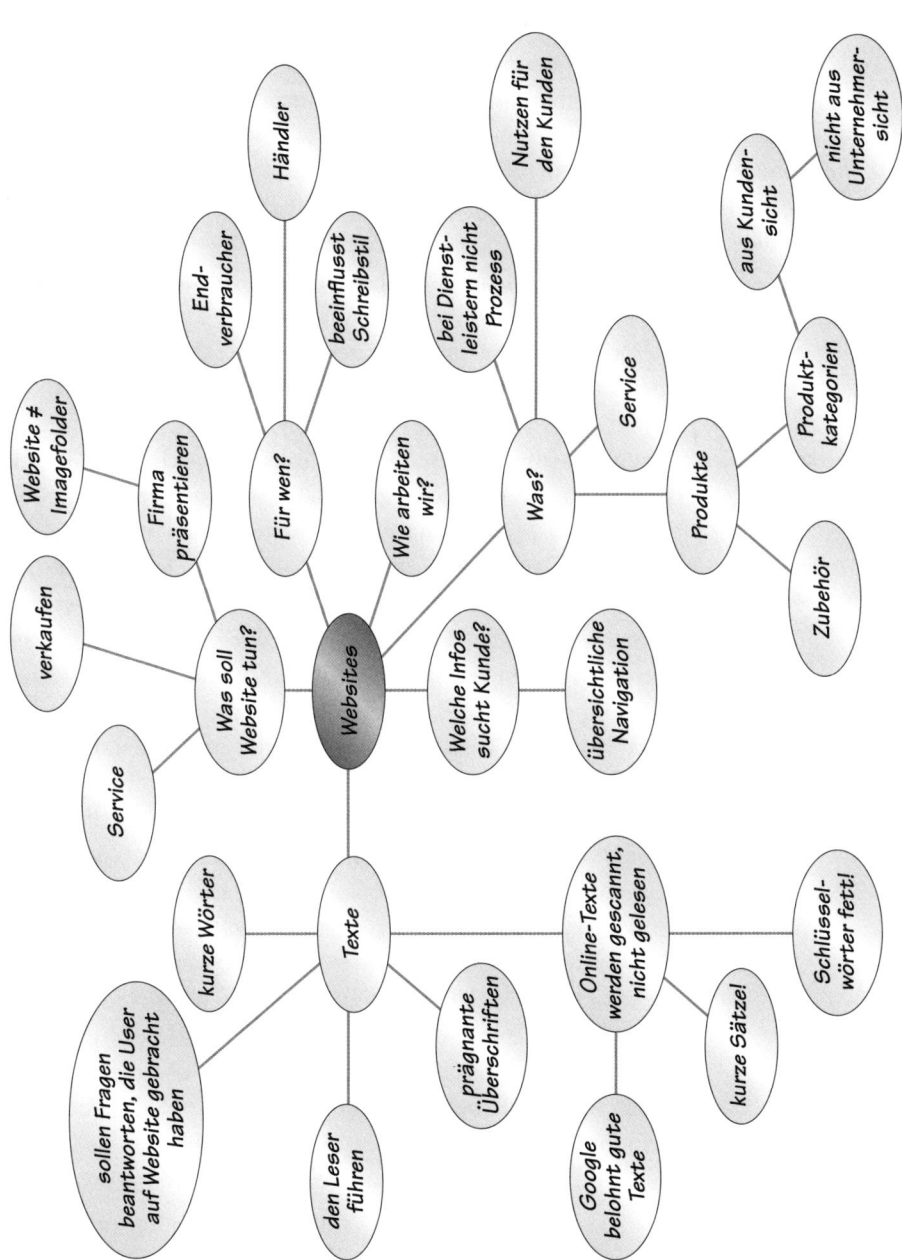

Websites

- Was soll Website tun?
  - verkaufen
  - Service
  - Firma präsentieren
    - Website ≠ Imagefolder
- Für wen?
  - Händler
  - Endverbraucher
  - beeinflusst Schreibstil
- Wie arbeiten wir?
  - bei Dienstleistern nicht Prozess
- Was?
  - Nutzen für den Kunden
  - Service
  - Produkte
    - aus Kundensicht
      - nicht aus Unternehmersicht
    - Produktkategorien
    - Zubehör
- Welche Infos sucht Kunde?
  - übersichtliche Navigation
- Texte
  - kurze Wörter
  - sollen Fragen beantworten, die User auf Website gebracht haben
  - den Leser führen
  - prägnante Überschriften
  - Online-Texte werden gescannt, nicht gelesen
    - Schlüsselwörter fett!
    - kurze Sätze!
    - Google belohnt gute Texte

anonym und kann Ihre Seite rasch wieder verlassen, wenn diese ihm zu unübersichtlich ist oder er den Eindruck hat, bei Ihnen nicht das zu finden, was er sucht.

Informationen übersichtlich anbieten

Im Web gilt noch mehr als bei anderen Kommunikationswegen: Der Kunde hat ein konkretes Problem, für das er eine schnelle Lösung sucht. Wenn Ihre Website die Lösung anbietet: wunderbar. Tut sie es nicht, ist der Kunde weg, denn die Konkurrenz ist nur einen Mausklick entfernt. Daher heißt es beim Web, sich genau zu überlegen, welche Infos der User sucht, und diese übersichtlich anzubieten.

Suchmaschinen

Google spielt mit seinen Page-Ranks eine wichtige Rolle dabei, wenn Sie von potenziellen Kunden gefunden werden wollen. Ganze Heerscharen von mehr oder weniger seriösen Firmen bieten Hilfe dabei an, in den Google-Rankings möglichst weit oben aufzutauchen. Doch Google lässt sich dabei, wonach eine Website gerankt wird, nur bedingt in die Karten schauen. Allein im letzten Jahr wurden die Kriterien 400 Mal geändert. Fix ist aber das Kriterium, wie viele andere Seiten auf Ihre Seite verlinkt sind und wie aktuell der Inhalt ist. Google misst außerdem, wie lange ein User auf einer Seite bleibt, bevor er wieder zum Suchergebnis zurückkommt. Ist die Verweildauer nur kurz, geht Google davon aus, dass der User auf der Website nicht gefunden hat, wonach er gesucht hat. Passiert das mehrfach hintereinander, wird die Seite schlechter gerankt, weil die Infos für den User nicht relevant sind. Mit anderen Worten: Google belohnt gute Infos und Texte auf den Websites. Mit diesem Wissen im Hintergrund sollten Sie sich die Inhalte und deren Aufbereitung genau überlegen. Folgende Fragen können dabei hilfreich sein:

Diese Website ist übersichtlich aufgebaut und bietet schon auf der Startseite Lösungen an.

■ **Für wen ist die Website?** Endverbraucher oder Händler? Der Endverbraucher sucht andere Infos als der Händler. Es macht Sinn, für den B2B-Bereich eine Unterseite mit eigener Navigation aufzubereiten.

■ **Mit wem arbeiten Sie?** Machen Sie transparent, mit wem Sie arbeiten. Der Kunde will wissen, ob Sie mit Menschen und Firmen wie ihm schon zusammengearbeitet haben, ob Sie sich in seiner Branche auskennen, schon ähnliche Probleme gelöst haben.

■ **Welche Probleme veranlassen Kunden, Ihre Seite zu besuchen?** Ihre Website muss genau auf die Frage abgestimmt sein. Als User sucht man im Internet nach passenden Lösungen. Kommt man dabei auf eine Website, die auf der Startseite die Firmengeschichte oder das noble Firmenlokal präsentiert, dann interessiert das vorrangig nicht. Man will wissen, ob dieses Unternehmen das vorhandene Problem lösen kann und ob es Erfahrungen auf diesem Gebiet hat.

Aufbau der Website Für viele Menschen enden Internetrecherchen frustrierend, weil sie jede Menge Informationen bekommen, aber nicht die, die sie tatsächlich brauchen. Das hängt oft mit dem Aufbau der Website zusammen. Hier wird oftmals die interne Struktur des Unternehmens abgebildet, zum Beispiel nach internen Produktkategorien oder Abteilungen sortiert. Ich habe für eine Abteilung einer österreichischen Privatuniversität ein Schreibseminar gehalten. Im Zuge des Seminars hat die Marketingleiterin dieser Abteilung erkannt, dass auch ihre Websitetexte optimiert werden müssten. Doch leider war die gesamte Website dieser Universität unübersichtlich. Die Lehrangebote waren nach unterschiedlichen Abteilungen gegliedert. Das bedeutete, der User hätte wissen müssen, welcher Abteilung die Ausbildung, die ihn interessiert, zugeordnet ist. Es gab keine Gliederung nach Branchen oder Inhalten, was für den User bedeutete, sich alle Abteilungen ansehen zu müssen, um herauszufinden, wo es die interessanten Weiterbildungen gibt. So wurde zum Beispiel das Thema „Kommunikation" in drei verschiedenen Abteilungen angeboten, mit unterschiedlichen Schwerpunkten.

Dieses Beispiel zeigt, dass es wichtig ist, die Informationen für den User so aufzubereiten, dass er sich leicht zurechtfindet und seine Antwort schnell bekommt.

Eng damit verbunden ist die Navigation. Leider sind die Navigationspunkte oft wenig userfreundlich; auch da spiegelt sich meist die firmeninterne Sicht wider. Um beim Beispiel der Privatuniversität zu bleiben: Es gab den Navigationspunkt „Studien" und „Angebote". Als Besucher dieser Website bin ich davon ausgegangen, dass unter „Studien" jene Inhalte stehen werden, zu denen an dieser Universität geforscht wird. Unter „Angebot" erwartete ich die Lehrangebote. Weit gefehlt. Unter „Angebote" standen die Tagesseminare und andere Seminare. Unter „Studien" waren die mehrsemestrigen Studienlehrgänge zu finden. Eine derart irreführende Navigation verärgert und frustriert den User.

Kundenfreundliche Struktur

Menschen wollen geführt werden

Bauen Sie die Informationen auf Ihrer Website schrittweise auf. Beantworten Sie die Hauptfragen Ihres Kunden und verweisen Sie dann am Ende des Textes auf die nächste Seite und den nächsten Inhalt, den er lesen soll. So geben Sie der Leserin eine Anleitung, in welcher Reihenfolge sie weiterlesen kann, und geben ihr zugleich Orientierung. Eine Struktur, mit der ich selbst auf meiner Website arbeite und mit der ich gute Erfahrungen gemacht habe, ist folgende:

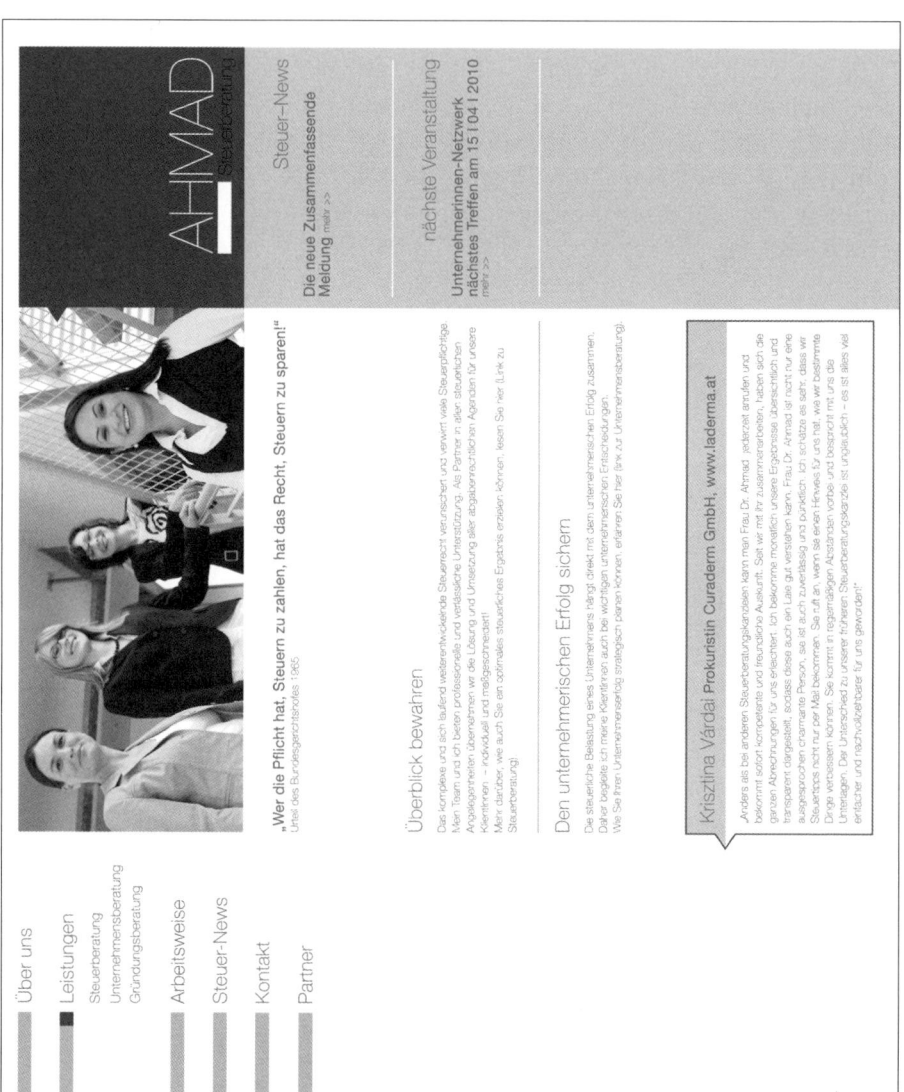

- **Mit wem ich arbeite:** Für wen ist der Service oder das Produkt? Ich beschreibe an dieser Stelle auch die häufigsten Probleme der Kunden, mit denen ich arbeite.
- **Wie ich arbeite:** Hier beschreibe ich Lösungen, die ich anbiete – jeweils passend zu den vorher beschriebenen Problemen. Danach beschreibe ich meine Herangehensweise, was ich bei jedem Auftrag sicherstelle und meine Werte. Ich beschreibe hier nicht den Prozess.
- **Service & Produkte:** Hier beschreibe ich meine Angebote. Wieder steht der Nutzen für den Kunden im Vordergrund.
- **Bonusmaterial:** In meinem Fall besteht das Bonusmaterial aus Artikeln zum kostenlosen Download. Geben Sie dem User in diesem Bereich eine Kostprobe Ihrer Arbeit. Bei Dienstleistungen kann das ein Artikel sein mit relevanten Infos für den Kunden. Bei Produkten kann das von kostenlosen Updates über Checklisten bis zu herunterladbaren Aufbauplänen für Möbel reichen.
- **Case studies & Testimonials:** Hier zeigen Sie, wie bisherige Kunden von Ihren Produkten profitiert haben. Menschen sind an Menschen interessiert. Mit Kundenstimmen zeigen Sie Ihre Kompetenz, User können darin auch jemanden finden, mit dem sie sich identifizieren können.
- **Über uns:** Erst am Schluss schreibe ich über mich und das Unternehmen. Bei Dienstleistern und Einzelunternehmern ist es sinnvoll, hier aufzuführen, wie man zu dem Entschluss gekommen ist, die Firma zu gründen, was einem besonders Spaß macht an seinem Job, welche Erfahrungen aus früheren Jobs man mitbringt. Zeigen Sie sich als Person. Ein Ein-Personen-Unternehmen verkauft auch sich und nicht nur seine Leistungen. Präsentieren

Sie daher auch Ihre private Seite (in Maßen) und Hobbys, sofern sie zu Ihrem Beruf in einem Bezug stehen. Zeigen Sie Ihre Werte, die Sie als Person ausmachen. Führen Sie hier auch Ihre Ausbildung und Berufserfahrung an. Auch große Unternehmen schreiben an dieser Stelle über ihre Werte und Visionen. Beschreiben Sie kurz die Firmengeschichte und die Gründer des Unternehmens und was die Person zur Gründung veranlasst hat. Firmengründer prägen ein Unternehmen maßgeblich. Ihr Pioniergeist bleibt auch viele Jahre und Jahrzehnte später spürbar. Machen Sie hier auch das Management sichtbar und wie es die Vision des Unternehmens umsetzt. Zeigen Sie an dieser Stelle auch die Mitarbeiter des Unternehmens – am besten mit Foto und Kontaktdaten.

Schreiben fürs Web

Kurze Texte anbieten Achten Sie beim Texten für Websites vor allem auf die Kürze und die Prägnanz. Ellenlange Texte werden im Web nicht gelesen – hier gilt es, vor allem kurze Informationshappen anzubieten. Sätze dürfen nicht mehr als 15 Wörter enthalten. Machen Sie aus einem zu langen Satz lieber zwei Sätze. Und gliedern Sie den Text mit Zwischenüberschriften, die aussagekräftig sind und beim Querlesen der Leserin einen Ausblick auf die Info im nächsten Absatz geben. Im Web zählt eine klare Sprache – keine Floskeln oder blumigen Beschreibungen. Das Schreiben von Texten für Websites ist die Königsdisziplin des Marketingtexteschreibens. Finden Sie heraus, welche Infos der User sucht, und vermitteln Sie diese punktgenau.

Der User will sich einen raschen Überblick auf der Website verschaffen. Lesen am Bildschirm dauert aber um 25 Prozent länger als auf dem Papier, weil unsere Augen durch das Flimmern am Schirm mehr Zeit brauchen, um die Wörter zu erkennen. Deshalb ist es wichtig, dass der Text rasch verstanden wird. Schreiben Sie daher kurze Absätze. Das bedeutet, ein Absatz sollte nur maximal zehn Zeilen lang sein. Leiten Sie jeden Absatz mit einer bedeutungsvollen Zwischenüberschrift ein – also keine Worthülsen oder blumigen Beschreibungen, sondern Fakten sprechen lassen.

Heben Sie Ihre Schlüsselwörter im Text fett hervor, denn sie sind es, wonach der User beim Überfliegen sucht. Und bitte verwenden Sie Schlüsselwörter konsequent und vergessen Sie die in der Schule als Fehler angesehene „Wortwiederholung". Denn verschiedenen Wörtern wird eine unterschiedliche Bedeutung zugeordnet – wenn Sie für ein und dasselbe immer wieder andere Wörter verwenden, verwirrt das die Leserin, da sie glaubt, es gehe um verschiedene Dinge. Verwenden Sie daher Ihre Schlüsselwörter konsequent.

Schlüsselwörter hervorheben

Sie wecken mit Ihren Websitetexten die Aufmerksamkeit der Leserin, indem Sie einen überraschenden, ungewöhnlichen Vergleich bringen. Der Satz „Schreiben ist wie Laufen" erregt Aufmerksamkeit, da die Neugier der Leserin geweckt wird. Die Leserin will wissen, wo die Parallelen sind. Unser Hirn ist ständig auf der Suche nach neuen Überraschungen. Das menschliche Hirn will ständig spielen. Also geben Sie dem Hirn Ihrer Leserin etwas zu spielen, indem Sie mit überraschenden Aussagen die Neugier wecken und dadurch dazu animieren, den folgenden Text zu lesen.

„Schreiben ist wie Laufen" ist übrigens eine Überschrift aus Natalie Goldbergs Buch „Schreiben in Cafés", das ich in Kapitel 2 zitiert habe. Sie beschreibt darin, dass sich hinzusetzen und zu schreiben zu beginnen vergleichbar ist mit der Überwindung, die Laufschuhe anzuziehen und loszulaufen. Es fallen uns Dutzende Ausreden ein, warum wir jetzt nicht

Ausreden gibt es viele

laufen können, genau wie beim Schreiben. Doch wenn wir mal losgelaufen sind und eine gewisse Kondition aufgebaut haben, fällt es nicht nur leicht, es macht auch Spaß – so ist es beim Schreiben auch. Mit ein wenig Übung und der Überwindung, die ersten Worte aufs Papier zu bringen, geht es ganz leicht. Einmal warmgeschrieben fließt es wie von selbst. So wie mir die ersten zehn Minuten beim Laufen immer schwerfallen und ich das Gefühl habe, kaum einen Fuß vor den anderen zu bringen, fallen mir die ersten Worte beim Schreiben schwer. Doch sobald die ersten Minuten überwunden sind, geht es. Und glauben Sie mir, es gibt nicht nur ein „Runner's High" – es gibt auch ein „Writer's High": das Hochgefühl, wenn ein guter Text gelingt.

Packungstexte

Was die Kaufentscheidung unterstützt

Packungstexte sind das Stiefkind der Marketingtexte. Ich habe das Gefühl, es wird ihnen nicht viel Aufmerksamkeit geschenkt. Während an einem Werbetext oder Slogan ewig herumgefeilt wird, wird der Packungstext eher vernachlässigt oder als notwendiges Übel gesehen. Da aufgrund rechtlicher Bestimmungen bei der Packungsgestaltung viel Text vorgegeben ist und eine Menge an Informationen auf kleinem Raum untergebracht werden muss, erinnert das Schreiben von Packungstexten an einen Drahtseilakt. Dabei ist es die Produktgestaltung und die Kundenfreundlichkeit der Packungstexte, die letztendlich über den Kauf entscheidet. Überlegen Sie daher genau, welche Informationen der Kunde am *„Point of Sale"* (POS) braucht, was ihn bei der Kaufentscheidung unterstützt. Natürlich spielen hier Marken eine große Rolle. Doch bei Produktgruppen, bei denen der Kunde noch keine Erfahrung mit den einzelnen Marken gemacht hat oder die Marken nicht kennt, bestimmt die Anmutung des Produkts die Kaufentscheidung. Die Pro-

duktanmutung ist der Gesamteindruck, den mir das Produkt vermittelt. Die Anmutung des Produkts bestimmt und beeinflusst auch den Schreibstil, die Wortwahl beim Packungstext. Passen Sie die Sprache der Zielgruppe und damit der Positionierung an. Ein Haarpflegeprodukt für junge Leute ist anders zu betexten als ein Anti-Aging-Produkt. Sie werden sich jetzt vielleicht denken: Ist ja alles logisch. Ja, ist es auch, aber trotzdem werden all diese Dinge bei der Packungsgestaltung oft nicht berücksichtigt.

Informationen auf den Packungen

Den Kunden überzeugen
Folgende Informationen braucht der Kunde am „*Point of Sale*", um von Ihrem Produkt überzeugt zu werden:

- Die in der Werbung verwendete Botschaft findet sich auch am Produkt wieder.
- Der Nutzen des Produkts ist klar und deutlich sichtbar. Was kann das Produkt? Was bringt das dem Benutzer?
- Mit der Packungsgestaltung wecken Sie einen Wunsch beim Kunden. Kombiniert mit einem ansprechenden Foto lösen Sie das „Haben-Wollen" aus – zum Beispiel bei Lebensmitteln den Appetit auf dieses Essen. Kombiniert mit einer kurzen Beschreibung, wie einfach das Produkt anzuwenden ist, animieren Sie zum Kauf. Denken Sie zum Beispiel an die Anleitung von Halbfertigprodukten. Auf der Packung ist vorne das fertige Produkt abgebildet, unter dem Gericht steht noch, welche zusätzlichen Zutaten Sie brauchen, um rasch ein leckeres Essen zu kochen. Auf der Rückseite ist mit Grafiken eine Kochanleitung angeführt.

Rechtliche Vorgaben
Natürlich müssen Sie auf der Packung auch den rechtlichen Bestimmungen Genüge tun. Bei Lebensmitteln und Kosmetika müssen zum Beispiel die Inhaltsstoffe angegeben wer-

den. Leicht entflammbare oder ätzende Stoffe sind entsprechend zu kennzeichnen.

Bei Kinderprodukten ist anzugeben, für welches Alter sie geeignet sind und welcher CE-Norm – Sicherheitsnorm – sie entsprechen. Wenn sie verschluckbare Kleinteile enthalten, muss ein entsprechender Warnhinweis aufgedruckt sein.

Warnhinweise hinzufügen

Achten Sie auch darauf, in welchen Ländern Ihre Verpackung eingesetzt wird. Für die Schweiz sind Verpackungen in den vier Sprachen Deutsch, Englisch, Französisch und Italienisch zu beschriften. In manchen osteuropäischen Ländern ist nicht nur die Haltbarkeit, sondern auch das Herstellungsdatum verpflichtend anzuführen – oft nicht nur bei Lebensmitteln. Bei meiner letzten Firma im Schreibgerätebereich gestaltete ich Faserschreiberverpackungen, die auch nach Ungarn, Tschechien und Bulgarien verkauft wurden. Diese Länder verlangen zum Beispiel, zumindest das Haltbarkeitsdatum auch für Fasermaler anzugeben. Name und Anschrift des Importeurs sind auf der Packung anzuführen. Erkundigen Sie sich also für jedes Land, welche rechtlichen Bestimmungen es für die Packungsgestaltung und Kennzeichnungspflicht gibt.

5. Schreiben für die Marke ICH

Schreiben ist das ideale Tool, um sich als Marke ICH zu positionieren und den eigenen Namen bekannt zu machen. Die Zeiten der lebenslangen Anstellung sind vorbei und jeder ist gefordert, sich selbst gut zu vermarkten, um am Arbeitsmarkt gesehen zu werden. Unternehmen werden auch in Zukunft auf der Suche nach kompetenten Mitarbeitern mit guten Fachkenntnissen sein. Sie können sich von anderen abheben, wenn Ihrer Bewerbung zum Beispiel eine Liste Ihrer Publikationen beiliegt oder einer Ihrer Artikel, der in einem Branchenmagazin erschienen ist. Ihr zukünftiger Chef könnte auch auf Sie zukommen – weil er Ihren Artikel gelesen hat.

Das Schreiben und Veröffentlichen von Fachartikeln ist somit ein effektives Mittel, um sich in der Branche einen Namen zu machen. Denn in Zukunft wird es mehr denn je darum gehen, gesehen zu werden, damit man nicht übersehen wird.

Schreibend die Karriereleiter erklimmen
Nutzen Sie das Schreiben, um die Karriereleiter hinaufzuklettern. Gelegenheiten dazu finden sich: Schreiben Sie Artikel für die firmeninterne Zeitung, stellen Sie Ihre Erfahrungen als *„Lessons Learned"* Ihren Kollegen im Intranet zur Verfügung und initiieren Sie damit ein firmeninternes Wissensmanagement. Bieten Sie den brancheninternen Magazinen Artikel an oder diskutieren Sie in Internetforen mit.

Wichtig dabei ist allerdings: Ihre Artikel und Diskussions-beiträge brauchen einen echten Nutzen für andere. Denn wenn Sie nur heiße Luft schreiben, damit Ihr Name über-all auftaucht, geht der Schuss nach hinten los. Dann handeln Sie sich rasch den Ruf eines Dampfplauderers ein. Überlegen Sie daher genau, welches Wissen für andere relevant ist. So positionieren Sie sich als Experte, der dann auch von anderen um seine Meinung gefragt wird.

Schreiben ist aber auch ein ideales Tool, um das eigene Wissen zu vertiefen. Indem Sie über bestimmte Aspekte Ihres Arbeitsfeldes schreiben, begreifen und erweitern Sie Ihr Wissen – es wird umfassender, wenn Sie darüber schrei-ben. Indem Sie in persönlichen Aufzeichnungen über be-stimmte Aspekte Ihres Fachgebiets nachdenken, bekommen Sie ein tieferes Verständnis für das Gebiet. Die Erkenntnisse, die Sie dabei gewinnen, können Sie in Form von Artikeln dann wieder weitergeben.

Eigenes Wissen reflektieren

Nutzen Sie Schreiben auch, um Ihre Marke ICH zu ent-wickeln. Was sind Ihre Stärken und Besonderheiten und wie unterscheiden Sie sich in diesen von Ihren Kollegen? Wie lautet Ihr persönlicher „USP"? Nur wenige Menschen kön-nen das sofort beantworten. Indem Sie darüber schreiben, arbeiten Sie für sich heraus, was Sie einzigartig macht. Das ist eine wichtige Voraussetzung für Ihre Positionierung. Wie bei einem Produkt überlegen Sie auch hier: Welche An-mutung will ich für mich? Das bedingt Ihre Verpackung, sprich Ihre Kleidung und Ihr Styling. Was wieder in weiterer Folge auch Ihren Preis beeinflusst. Wir wissen schon lange, dass eine gute Ausbildung alleine noch kein Garant für einen gut bezahlten Job ist. Es geht darum, Ihr Wissen und Ihre Begabungen entsprechend zu verkaufen. Und um einen guten Preis zu erzielen, müssen Sie sich entsprechend ver-markten.

Schreibend die Marke ICH entwickeln

Also, was ist Ihre Besonderheit? Welchen Nutzen bringen Sie einem Unternehmen? Denn was hilft Ihnen die beste Ausbildung, wenn keiner davon weiß? Oder wenn Sie falsch verpackt sind?

Nutzen Sie das Schreiben dazu, sich über Ihre Marke ICH Gedanken zu machen:

■ Was ist meine Kernkompetenz (Ausbildung, Erfahrung)?
■ Welchen Zusatznutzen biete ich (Sprachen, Skills, Hobbys)?
■ Wer ist meine Zielgruppe?
■ Welche Anmutung vermittle ich?
■ Welche Verpackung (Kleidungsstil und Styling) passt dazu?
■ Wofür soll meine Marke stehen? Was sind meine Werte (Verlässlichkeit, Sicherheit, …)?
■ Wie unterscheide ich mich als Marke ICH von anderen?
■ Was ist mein Markenzeichen?

Passende Kleidung und gepflegtes Äußeres

Unterschätzen Sie nicht die Wirkung von Businessetikette und passendem Outfit. Was hilft Ihnen Ihr abgeschlossenes Studium und Know-how, wenn Sie mit fettigen Haaren und schlampig gekleidet zum Kundentermin gehen? Wie soll Ihnen der Kunde glauben, dass Sie zuverlässig sind und gute Qualität liefern, wenn Ihr erster Eindruck das Gegenteil vermittelt?

Gehen Sie Ihre persönliche Markenpositionierung genauso strategisch an, wie Sie das bei Ihren Produkten oder Dienstleistungen tun. Wenn Sie Ihre Positionierung entwickelt haben, ist das Schreiben von Artikeln, Blogs oder Intraneteinträgen das ideale Marketingmittel, um Ihre Marke ICH bekannt zu machen.

Schlusswort

Ich hoffe, ich konnte Ihnen ein wenig von meiner Begeisterung für das Schreiben weitergeben. Sie haben jetzt einen Eindruck bekommen, welchen Stellenwert Schreiben in Ihrem Leben einnehmen kann.

Nutzen Sie persönliche Aufzeichnungen, um sich Türen zu neuen Gedankenräumen zu öffnen und Ihr Leben aufmerksam zu betrachten. Ich möchte Sie mit einem Zitat von Mark Lewy aus seinem Buch *„Geniale Momente"* dazu animieren, mit persönlichen Aufzeichnungen mehr Klarheit im Denken zu bekommen:

Erinnern wir uns immer an Whytes Worte: Sehen Sie, auch wenn Sie in Ihrem Leben nicht weiterkommen – sobald Sie exakt beschreiben können, wo Sie blockiert sind, werden Sie sofort erkennen, dass es so nicht mehr weitergeht. Das präzise Benennen und Beschreiben des Stillstandes oder der Entfremdung öffnet die Tore zur Freiheit. Gravieren Sie sich das Wort ‚exakt' im Gedächtnis ein – es ist der beste Begleiter dessen, der persönliche Aufzeichnungen führt. Wenn Sie exakt in Worte fassen, wie ein Projekt gescheitert ist, exakt aufschreiben, wie die Verhandlungen ins Stocken gerieten, exakt festhalten, wie Ihre Karriere ins Stolpern kam, wird wie durch Zauberei etwas geschehen. Eine Klarheit wird sich in Ihrem Denken ausbreiten, eine Klarheit, die Sie wahrscheinlich nur durch mehrere Ausflüge zur Quelle des exakten Schreibens erreichen, doch glauben Sie mir, Sie wird Ihren Kopf durchlüften wie ein weit aufgerissenes Fenster."

In diesem Sinne wünsche ich Ihnen Klarheit im Kopf und viele schöne Schreibzeiten.

Herzlichst
Ihre Michaela Muschitz

Literatur

Natalie Goldberg: *Schreiben in Cafés*. Autorenhaus Verlag, Berlin, 2003.

Doris Märtin: *Erfolgreich Texten*. Voltmedia Verlag, Paderborn, 2000.

Gabriele Rico: *Garantiert schreiben lernen*. Rohwolt Verlag, Reinbek bei Hamburg, 2004.

Anne Lammott: *Bird by Bird*. Anchor Books, New York, 1995.

Mark Lewy: *Geniale Momente*. Midas Management Verlag, St. Gallen, 2002.

Roman Anlanger, Wolfgang A. Engel: *Trojanisches Marketing. Mit unkonventioneller Werbung zum Markterfolg*. Rudolf Haufe Verlag, Freiburg, 2009.

Register

Über die Autorin

Michaela Muschitz ist Schreibtrainerin und Marketingberaterin. Sie begann ihre Karriere als Assistentin im Österreichischen Rundfunk und in diversen Filmproduktionen. Nach dem berufsbegleitenden Universitätslehrgang für Werbung und Verkauf arbeitete sie als PR-Assistentin und später als Marketingleiterin. Sie absolvierte eine Ausbildung zum Coach und zur Personalentwicklerin, bevor sie sich ganz dem Schreiben widmete. Seit 2005 trainiert sie in ihrer Firma Lighthouse Coaching & Communication Menschen in Kommunikation, persön-  licher Entwicklung und kreativen Schreibmethoden. Darüber hinaus berät sie Klein- und Mittelunternehmen bei der Marketingplanung und schreibt für ihre Kunden diverse Texte.

www.lighthouse-coaching.at

Management – fundiert und innovativ

K. Friedrich, F. Malik, L. J. Seiwert
Das große 1x1 der Erfolgsstrategie
ISBN 978-3-86936-001-0
€ 24,90 (D) / € 25,60 (A) / sFr 42,90

Barbara Schneider
Fleißige Frauen arbeiten, schlaue steigen auf
ISBN 978-3-89749-912-6
€ 19,90 (D) / € 20,50 (A) / sFr 33,90

Hermann Scherer
Jenseits vom Mittelmaß
ISBN 978-3-89749-910-2
€ 49,00 (D) / € 50,40 (A) / sFr 78

Ingo Vogel
Top Emotional Selling
ISBN 978-3-86936-003-4
€ 19,90 (D) / € 20,50 (A) / sFr 33,90

Roger Rankel, Marcus Neisen
Endlich Empfehlungen
ISBN 978-3-89749-845-7
€ 24,90 (D) / € 25,60 (A) / sFr 42,90

Steven Reiss
Das Reiss Profile™
ISBN 978-3-86936-000-3
€ 29,90 (D) / € 30,80 (A) / sFr 48

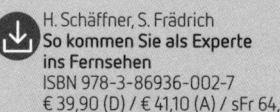

H. Schäffner, S. Frädrich
So kommen Sie als Experte ins Fernsehen
ISBN 978-3-86936-002-7
€ 39,90 (D) / € 41,10 (A) / sFr 64,90

Connie Voigt
Interkulturell führen
ISBN 978-3-86936-004-1
€ 47,00 (D) / € 48,40 (A) / sFr 75,90

Ann Salerno, Lillie Brock
Change Cycle
ISBN 978-3-86936-007-2
€ 24,90 (D) / € 25,60 (A) / sFr 42,

Weitere Informationen finden Sie unter www.gabal-verlag.de

Business-Bücher für Erfolg und Karriere

Hartmut Laufer
Grundlagen erfolgreicher Mitarbeiterführung
ISBN 978-3-89749-548-7
€ 19,90 (D) / € 20,50 (A) /
sFr 33,90

Hans-Jürgen Kratz
Stolpersteine in der Mitarbeiterführung
ISBN 978-3-86936-012-6
€ 19,90 (D) / € 20,50 (A) /
sFr 33,90

Brigitte Scheidt
Neue Wege im Berufsleben
ISBN 978-3-89749-921-8
€ 19,90 (D) / € 20,50 (A) /
sFr 33,90

Josef W. Seifert
Moderation und Konfliktklärung
ISBN 978-3-86936-011-9
€ 17,90 (D) / € 18,50 (A) /
sFr 31,90

Hanspeter Reiter
Effektiv telefonieren
ISBN 978-3-89749-860-0
€ 17,90 (D) / € 18,50 (A) /
sFr 31,90

Rolf Meier
Projektmanagement
ISBN 978-3-86936-016-4
€ 17,90 (D) / € 18,50 (A) /
sFr 31,90

Josef W. Seifert
Visualisieren, Präsentieren, Moderieren
ISBN 978-3-930799-00-8
€ 17,90 (D) / € 18,50 (A) /
sFr 31,90

R. Meier, E. Engelmeyer
Zeitmanagement
ISBN 978-3-86936-017-1
€ 17,90 (D) / € 18,50 (A) /
sFr 31,90

Nikolaus B. Enkelmann
Optimismus ist Pflicht!
ISBN 978-3-86936-014-0
€ 20,90 (D) / € 21,50 (A) /
sFr 35,90

Christiane Dierks
Erkennbar besser sein
ISBN 978-3-89749-920-1
€ 19,90 (D) / € 20,50 (A) /
sFr 33,90

M. Hartschen, J. Scherer, C. Brügger
Innovationsmanagement
ISBN 978-3-86936-015-7
€ 19,90 (D) / € 20,50 (A) /
sFr 33,90

I. Moser-Will, I. Grube
Denkspiele
ISBN 978-3-86936-013-3
€ 19,90 (D) / € 20,50 (A) /
sFr 33,90

Weitere Informationen finden Sie unter www.gabal-verlag.de

GABAL: Ihr „Netzwerk Lernen" – ein Leben lang

Ihr Gabal-Verlag bietet Ihnen Medien für das persönliche Wachstum und Sicherung der Zukunftsfähigkeit von Personen und Organisationen. „GABAL" gibt es auch als Netzwerk für Austausch, Entwicklung und eigene Weiterbildung, unabhängig von den in Training und Beratung eingesetzten Methoden: GABAL, die **G**esellschaft zur Förderung **A**nwendungsorientierter **B**etriebswirtschaft und **A**ktiver **L**ehrmethoden in Hochschule und Praxis e.V. wurde 1976 von Praktikern aus Wirtschaft und Fachhochschule gegründet. Der Gabal-Verlag ist aus dem Verband heraus entstanden. Annähernd 1.000 Trainer und Berater sowie Verantwortliche aus der Personalentwicklung sind derzeit Mitglied.

Die Mitgliedschaft gibt es quasi ab 0 Euro!
Aktive Mitglieder holen sich den Jahresbeitrag über geldwerte Vorteil zu mehr als 100% zurück: Medien-Gutschein und Gratis-Abos, Vorteils-Eintritt bei Veranstaltungen und Fachmessen. **Hier treffen Sie Gleichgesinnte, wann, wo und wie Sie möchten:**

- Internet: Aktuelle Themen der Weiterbildung im Überblick, wichtige Termine immer greifbar, Thesen-Papiere und gesichertes Know-how in form von White-papers gratis abrufen
- Regionalgruppe: auch ganz in Ihrer Nähe finden Treffen und Veranstaltungen von GABAL statt – Menschen und Methoden in Aktion kennen lernen
- Jahres-Symposium: Schnuppern Sie die legendäre „GABAL-Atmosphäre" und diskutieren Sie auch mit „Größen" und „Trendsettern" der Branche.

Über Veröffentlichungen auf der Website (Links, White-papers) steigen Mitglieder „im Ansehen" der Internet-Suchmaschinen.
Neugierig geworden? Informieren Sie sich am besten gleich!

Lernen Sie das Netzwerk Lernen unverbindlich kennen.
Die aktuellen Termine und Themen finden Sie im Web unter **www.gabal.de**.
E-Mail: info@gabal.de.

Telefonisch erreichen Sie uns per 06132.509 50-90.

„Es ist viel passiert, seit Gründung von GABAL: Was 1976 als Paukenschlag begann, … wirkt weit in die Bildungs-Branche hinein: Nachhaltig Wissen und Können für künftiges Wirken schaffen …"
(Prof. Dr. Hardy Wagner, Gründer GABAL e.V.)